资助 教育部人文社会科学研究青年基金项目"我国页岩气开发中水污染法律问题研究"(18YJC820090)
中国地质大学(武汉)法学培育学科建设经费

页岩气开发中环境污染法律问题研究

YEYANQI KAIFA ZHONG HUANJING WURAN FALÜ WENTI YANJIU

张艳芳 编著

图书在版编目(CIP)数据

页岩气开发中环境污染法律问题研究/张艳芳编著.—武汉:中国地质大学出版社,2021.4
ISBN 978-7-5625-4967-3

Ⅰ.①页…
Ⅱ.①张…
Ⅲ.①油页岩-油气田开发-环境污染-污染防治-环境保护法-研究-中国
Ⅳ.①D922.683.4

中国版本图书馆 CIP 数据核字(2021)第 034154 号

页岩气开发中环境污染法律问题研究		张艳芳 编著
责任编辑:王凤林	选题策划:张 建	责任校对:周 旭

出版发行:中国地质大学出版社(武汉市洪山区鲁磨路 388 号)	邮编:430074
电　　话:(027)67883511　　　　传　　真:(027)67883580	E-mail:cbb@cug.edu.cn
经　　销:全国新华书店	http://cugp.cug.edu.cn
开本:787 毫米×1092 毫米　1/16	字数:189 千字　　印张:7.5
版次:2021 年 4 月第 1 版	印次:2021 年 4 月第 1 次印刷
印刷:湖北睿智印务有限公司	
ISBN 978-7-5625-4967-3	定价:38.00 元

如有印装质量问题请与印刷厂联系调换

前　言

随着世界各国大规模地开采页岩气资源,页岩气开采过程中产生的环境问题变得十分严峻。我国页岩气资源十分丰富,目前页岩气的可开采量排名世界第一。作为当前重要的低碳、清洁、环保新能源,页岩气的开发具有必然性,但是环境问题已经成为世界各国在页岩气开采过程中所面临的共同威胁。因此,必须从法律层面上进行监管和预防。

1.研究背景

随着全球经济的快速发展,世界各国对能源的需求越来越大,也越来越重视清洁能源的开发。页岩气作为一种非常规油气资源,全球储量堪比常规天然气已探明的可采储量,中国非常规页岩气资源非常丰富,据联合国贸易和发展会议(UNCTAD)2018 年 5 月发布的报告,我国页岩气储量位居世界第一,储量达 $31.6\times10^{12}m^3$。自 19 世纪 20 年代起,美国就开始了页岩气的开发,成为世界上最早开发页岩气资源的国家,因此美国现在也拥有了页岩气开发的先进生产技术、成熟的管网设施及完善的监管模式,是世界各国页岩气开发的"领头羊"。我国的页岩气资源开发起步较晚,比较关注开发技术的研发和产业发展政策的出台,以我国页岩气行业规划的政策为例,2012 年颁布了《页岩气开发利用补贴政策》,2012 年颁布了《页岩气发展规划(2011—2015 年)》和《页岩气产业政策》,2014 年颁布了《能源发展战略行动计划(2014—2020 年)》,2015 年颁布了《十三五期间的补贴政策》,2016 年颁布了《页岩气发展规划(2016—2020 年)》,2018 年颁布了《关于对页岩气减征资源税的通知》和"关于《可再生能源发展专项资金管理暂行办法》的补充通知"。国家对页岩气开发的补贴力度很大,2012—2015年期间,页岩气行业的补贴是 0.4 元$/m^3$;2016—2018 年期间,页岩气行业的补贴是 0.3 元$/m^3$;2019—2020 年期间,页岩气行业的补贴是 0.2 元$/m^3$。然而,国家对于页岩气开发的环境保护问题关注度不够,在造成页岩气产业快速发展的同时,也在一定程度上加剧了对生态环境的破坏。虽然我国在 2015 年 1 月 1 日正式实施了新的《中华人民共和国环境保护法》,对页岩气开发过程中的部分环境问题可以提供一定的法律支持,但是对于比较特殊的环境问题,比如生态破坏、环境污染等,《中华人民共和国环境保护法》作为法律依据显然是不够全面的,因此迫切需要完善页岩气开发相关的环境保护法律法规制度,对页岩气开发可能引发的各种环境风险进行预防和控制。

2.研究意义

页岩气作为一种清洁能源,能够有效地缓解我国能源紧张的形势,保障我国能源的供应与能源的安全,满足能源消费需求,促进节能减排,实现能源的可持续发展。我国的页岩气产业起步较晚,开发的方式与技术会给生态环境带来很大的风险和挑战,虽然其他国家页岩气开发的环境法律法规也处于探索阶段,却仍可以带给我们很多启示,比如美国的页岩气环境保护法律制度相对而言是比较完善的,有很多值得我们借鉴和参考的地方。为了在页岩气开发过程中更好地保护我们的生态环境,在环境保护方面少走弯路,本书从法律角度探讨了页岩气开发中的环境保护问题。目前,我国的油气管理体制是比较欠缺的,严重阻碍了我国能源领域的健康发展,完善针对页岩气开发的环境保护法律法规制度有助于推进我国油气体制改革。良好的环境保护法律体系有利于提高产业联动效应,比如推动油气特种设备行业的发展,扩大燃气管网的覆盖面,带动页岩气周边产业的发展,以及页岩气开采技术的研发、页岩气开采的咨询、页岩气开采设备的维修等产业发展。当然,最为重要的还是良好的环境保护法律法规制度能够保护我们的生态环境,缓解页岩气开采给环境带来的压力,具体来讲,就是减少页岩气开发对水资源的消耗和污染;减少页岩气开发对大气环境造成的污染,减少温室效应的产生,有效遏制空气污染;预防和控制页岩气开发可能导致的地质灾害,比如避免轻微地震给开采地区居民带来的伤害;还可以控制页岩气开发造成的生态失衡,尤其是我国西南地区的地质和地貌条件比较特殊,页岩气开发给生态环境带来了很大的影响,通过采取法律手段保护环境,能够有效遏制页岩气开发地区环境恶化的趋势。

  从法律角度探讨页岩气开发中的环境保护问题具有较大的理论意义和实践意义。从理论意义方面看,国家倡导节能减排和绿色能源发展道路,研究页岩气开发的环境保护法律问题是符合国家政策要求的;目前页岩气开发过程中存在很多环境风险,研究页岩气开发的环境保护法律问题是符合我国的环境现状的,能够规范页岩气开发行为,减少开采过程中产生的环境问题。还有很重要的一点,探讨页岩气开发的环境保护问题,能够从法律层面上为页岩气资源的开发提供保障,促进页岩气资源的有效开采与利用。从实践意义方面看,我国人口基数大、增长量高,迫切需要足够的廉价清洁能源来满足人们日常生活和生产的需要,而我国页岩气资源的储量十分丰富,能够有效地缓解我国能源紧张的局面,但是页岩气开发势必会造成环境污染和环境破坏。这种情况下,针对页岩气开发的环境保护法律法规就能够使页岩气的开采更加规范化,有效地减少页岩气开采造成的环境风险,促进页岩气商业化开发的发展。因此,相关法律法规制度的作用就是帮助实现页岩气开采的经济价值的同时,推进生态文明建设。

  页岩气开发环境保护法律问题的研究是有相关理论支撑的,首先是经济、社会、环境协调发展论,经济、社会、环境三者之间需要平衡发展、共同进步,不能以牺牲环境为前提来换取经济的发展和社会的进步,人类的活动势必引起生态平衡的变化,而我们要做的是努力实现保护环境与经济的增长以及社会的发展三者兼得、平衡发展。因此,页岩气的开发不能够仅仅是追求经济价值,而且需要重视环境的保护,相关的环境保护法律法规制度则是有效的保障。其次是可持续发展理论,就是说既要满足我们这代人的需求,也要保证后代人的需求不受到威胁。在人类社会的发展过程中,一切生产活动的最终目的是实现社会的可持续发展,其中社会经济的可持续发展是基础,而生态环境的可持续发展则是必要的条件。页岩气的开发既是追求经济价值,也是满足人类对能源的需求,但是开采活动势必造成环境问题,因此保护环境是十分重要的,页岩气开采的环境保护法律问题也成了必要的课题。

3.研究现状

目前,我国关于页岩气开发环境保护方面法律制度的研究是十分有限的,首先是图书专著方面,这里简单介绍几本。刘超主编的《页岩气开发法律问题研究》把页岩气开发中的各种法律问题进行归纳,类型化为页岩气开发过程中伴生环境风险相关的内容,比如法律治理、页岩气矿业权的配置与行使、页岩气开发中的权益纠纷问题等,然后从不同的视角分析页岩气开发中的法律命题,包括环境法律规制、页岩气开发的生态环境风险防治、页岩气开发的资源权保护、页岩气矿业权权利效力的保障等。刘小丽等编著的《中国页岩气开发环境影响评价和监管制度研究》主要包括8个方面:①国内外页岩气开发现状和展望;②页岩气开发面临的环境影响和评估方法;③中国四川盆地页岩气开发对环境的影响评价;④重庆涪陵国家页岩气示范区页岩气开发环境影响分析;⑤中国陆上石油天然气勘探开发环境监管制度;⑥重庆涪陵国家页岩气示范区页岩气开发环境监管实践;⑦主要国家页岩气勘探开发环境监管政策;⑧中国页岩气示范区环境监管制度研究。魏凤等编著的《页岩气:崛起中的新能源》首先阐述了国内外页岩气发展的背景,开发的技术以及对环境的影响等,接着对几个欧美国家页岩气开发的环境政策进行了分析,然后对比了中国和美国页岩气的开采概况以及页岩气产业的发展情况,最后提出了我国页岩气产业发展的一些建议。于立宏主编的《中国页岩气发展战略与政策体系研究》主要内容包括4个方面:①对比分析我国页岩气资源与其他天然气资源的供应能力和需求;②深入分析我国页岩气开发对经济社会环境所产生的各种影响;③探讨促进我国页岩气产业发展的措施;④分析重庆页岩气开发的具体案例。其次是文献资料,在中国知网数据库检索关键词"页岩气"和"环境保护法律制度",找到213条结果。根据检索的数据显示,最早的关于页岩气开发的环境保护法律问题是2013年刘超的《页岩气开发中环境法律制度的完善:一个初步分析框架》和《页岩气开发中环境风险规章法律制度的完善》,刘超提出要我国构建页岩气开发环境问题规章制度体系;后面几年关于页岩气开发环境保护法律制度的研究逐渐增多,比如2015年朱炳成的《我国页岩气开发利用环境保护法律制度研究》,从环境风险防范、监控规制和救济保障3个角度探讨页岩气开发中的环境保护法律制度;2015年罗牧云的《页岩气开发中的水资源保护法律问题研究》探讨的是在页岩气开发过程中,如何通过法律手段来预防和控制水资源的浪费及水资源的污染问题;2017年孙娴的《我国页岩气勘探开发环境保护法律问题研究》针对我国页岩气开发的环境问题,参考借鉴国外的先进经验和有效措施,探寻完善我国页岩气开发环境保护法律方面的措施;2018年周雅兰的《我国页岩气开发环境监管法律制度研究》主要是针对我国页岩气开发中的环境监管方面的法律问题,探讨页岩气开发的环境监管的有效途径,比如健全环境监管法律标准,设立页岩气监管机构,加强事前、事中和事后全过程的监管力度等。

国外的页岩气开发较早,尤其是美国的页岩气开采历史可以追溯到1821年,因此相关的研究也比我国丰富。比如Arthur等(2008)曾介绍了美国页岩气开发的环境监管制度的构建;Adair等(2011)曾指出美国页岩气开发的监管模式是"命令-控制型"与"基于市场性"相结合;Monika等(2016)通过评估作业区土壤、钻井液化学成分等方式分析了页岩气开发给环境带来的影响。

总体来讲,国外自1982年起开始对页岩气开发的各个方面进行了研究,也获得了很多显著的研究成果,在页岩气开发的环境保护法律制度的理论研究方面的经验也比我国丰富,有很多值得我们参考和借鉴的地方。

4.研究内容

针对页岩气开发中的环境保护问题,本书的主要研究思路是首先梳理全球页岩气资源的分布与发展战略,探究页岩气资源开发对生态环境所产生的影响,接着对比国内外页岩气开发的环境政策,总结我国页岩气开发环境政策存在的问题,从国外页岩气开发的环境政策中得出对我国的启示,然后提出一些完善我国页岩气开发的环境保护制度,最后再通过国内外页岩气开发环境保护的具体案例分析来加以证实。本书的研究有明确的问题指向,比如全球哪些国家的页岩气资源比较丰富,页岩气产业发展比较快速?页岩气开发会对生态环境产生怎样的影响?各个国家在页岩气开发中都采取了什么样的环境政策?我国页岩气开发的环境政策是什么样的?国外的环境保护政策对我们有什么样的启示?我们应该如何来完善页岩气开发环境保护法律制度?

需要强调一下的是,本书的研究是以我国页岩气开发中涉及的环境保护法律法规问题为研究对象的。页岩气资源开发产生的环境影响是多方面的,首先是对水环境的影响,比如地下水的污染、地表水的污染、水资源的浪费等等;其次是对土壤环境的影响,比如占用耕地面积、污染土壤环境等等;然后是对大气环境的影响,比如甲烷泄露、VOCs的排放以及其他一些常规的空气污染。我国的页岩气资源开发起步较晚,在环境政策方面还不够完善,因此需要借鉴国外的环境政策,发现自身存在的不足,才能有针对性地进行改善,不断完善我国页岩气开发环境保护制度。因此,本书的研究也采用了多种方式,通过文献研究法了解已有的研究成果,了解页岩气开发产生的环境影响,各个国家所采取的环境政策,国内页岩气开发环境保护存在的不足,等等;通过比较研究法比较分析国内外页岩气开发的环境保护制度,从中总结出可以借鉴的立法经验;通过实证分析法对国内外页岩气开发环境保护的真实案例进行深入分析。同时,比较研究法和实验分析法贯穿于本书的整个研究过程。具体而言,本书的内容主要包括以下几个章节的内容:引言部分阐述了本书的研究背景、研究意义、研究现状、研究内容以及研究方法等内容,是对本书的一个概括性介绍。第一章是页岩气的相关理论概述。该章从宏观的角度介绍了一些本书需要用到的概念和理论知识,比如页岩气的概念和组成成分、页岩气的类型和特征、页岩气与常规天然气、煤层气之间的区别,等等。第二章是全球页岩气资源的分布概况与发展战略介绍。该章分别从页岩气资源分布的4个主要地区即北美、欧洲、拉丁美洲以及亚太地区进行深入分析,针对这些地区和国家的页岩气资源分布情况和发展战略进行了详细的分析,从中了解到哪些国家的页岩气产业发展较快,发展的战略是怎么样的,可以为后面的环境政策埋下伏笔。第三章是页岩气资源开发的环境影响分析。该章首先从页岩气开发对水环境的影响、对大气环境的影响以及对土壤环境的影响3个方面对页岩气资源开发所产生的环境影响进行了分析。第四章是介绍国外页岩气开发的环境法律政策。该章首先介绍的是美国页岩气开发的环境法律政策,包括美国页岩气开发相关环境法规、美国页岩气开发环境监管体系与措施、美国页岩气环境友好开发指南等内容;其次介绍的是加拿大页岩气开发的环境政策,包括加拿大页岩气开发的环境法规、加拿大页岩气开发环境监管措施、欧盟主要成员页岩气开发的环境政策、IEA非常规天然气开发黄金规则等内容。第五章介绍我国页岩气开发的环境法律政策,包括我国页岩气开发环境政策、环境风险预防法律制度以及环境风险监管法律制度的现状、我国页岩气开发环境政策存在的问题、国外页岩气开发环境政策对我国的启示等内容。第六章是完善我国页岩气开发环境保护法律制度的构想,包括完善我国页岩气开发环境保护相关的法律法规、生态环境保护法律规制、大气环境保护法律规制、完善我国页岩气开发环境监管法律制度的途径以及完善我国页岩气开发环境风险防控法律制度的途径等内容。第七章具体分析国内外页岩气开发环境保护的案例。国外页岩气开发环境保护案例包括美国马塞勒斯页岩气开发中产生的环境侵权以及制度的完善,美国俄亥俄州页岩气开发的环境监管机制,美国加州非常规页岩油藏监管;国内页岩气开发环境保护案例包括四川页岩气开发的环境监管问题以及对策,宜宾市页岩气开采情况和生态环境影响,重庆页岩气开发的生态环境风险控制,涪陵页岩气开发的环境监管问题研究以及对策,四川长宁-威远国家级页岩气示范区开发环境保护实践,四川富顺-永川区块泸州地区页岩气开发项目的环境保护研究,湖北恩施土家族苗族自治州(恩施州)页岩气开发水资源利用分析,川南区块页岩气开发的环境保护研究。第八章是结论部分,主要是对页岩气开发中的环境保护问题做一个简单的总结,然后得出页岩气开发环境保护的主要结论,并给出具体的法律政策建议和保障措施。

5.研究方法

本书的研究主要采用了3种方式,包括文献研究法、比较研究法和规范研究法,从不同的侧面和不同的角度去了解页岩气开发中环境保护方面的最新进展,通过与其他国家的对比客观分析存在的不足,借鉴国外的先进经验和做法,提出完善我国页岩气开发中环境保护法律法规的建议。

第一种方式是文献研究法。首先查找近年来国内外关于页岩气开发中环境保护方面的书籍,比如刘超主编的《页岩气开发法律问题研究》、刘小丽等编著的《中国页岩气开发环境影响评价和监管制度研究》、魏凤等编著的《页岩气:崛起中的新能源》、于立宏主编的《中国页岩气发展战略与政策体系研究》、林珏编著的《世界各国页岩气发展战略研究》、美国James主编和胡风涛等翻译的《北美页岩气资源及开采》、蒋瑞雪和余秉森编著的《中国油气资源保护监管法律制度前瞻》、李成标等编著的《湖北省页岩气产业发展模式及政策创新研究》等。其次检索了近年来国内关于页岩气开发中环境保护方面的文献资料,比如何怡佳的《我国页岩气开发水资源保护法律制度研究——美国的经验借鉴》、罗牧云的《页岩气开发中的水资源保护法律问题研究》、孙娴的《我国页岩气勘探开发环境保护法律问题研究》、李斐斐的《我国页岩气开发利用环境保护法律制度研究》、陈美苓的《论我国页岩气开发的法律规制》、王姝的《涪陵页岩气开发中的环境监管问题研究》、赵小静的《我国页岩气开发环境风险防控法律制度研究》、牛善朋的《我国页岩气开发中的水资源法律规制研究》、周雅兰的《我国页岩气开发环境监管法律制度研究》、张虹的《重庆市页岩气开发的生态环境风险评价》等。此外,也检索了近年来国外的一些关于页岩气开发中环境保护方面的文献资料。通过查找和阅读以上书籍及文献资料并进行系统整理,为本书的研究奠定坚实的理论基础。

第二种方式是比较研究法。我国的页岩气开发起步比较晚,在开发过程中的环境保护问题还有很多,我国在这方面的法律法规还不够健全,无法很好地保护到页岩气开发地区的环境,因此本研究首先对全球页岩气资源的分布概况与发展战略做了详细的介绍,包括北美地区国家、欧洲地区国家、拉丁美洲以及亚太地区国家;其次分析了国外页岩气开发的环境政策,包括美国、加拿大以及欧盟主要成员国,同时也对国内页岩气开发的环境政策进行了分析;再次从国外页岩气开发环境政策中总结出了对我国的启示,提出了完善我国页岩气开发的环境保护制度;最后通过具体的案例分析来加以说明。

第三种方式是实证分析法。本书的第七章主要是对国内外页岩气开发环境保护的案例进行具体分析。

本专著是作者主持的 2018 年度教育部人文社会科学研究青年基金项目(项目批准号:18YJC820090)的最终结项成果。在书稿的撰写过程中,得到了王凤林编辑及许多同事的帮助,在此一并感谢!感谢中国地质大学(武汉)法学培育学科建设经费的资助!

目 录

第一章 页岩气的相关理论概述 …………………………………………………… (1)
  一、页岩气的概念 ………………………………………………………………… (1)
  二、页岩气的特征与开发技术 …………………………………………………… (2)
  三、页岩气与常规天然气、致密砂岩气、煤层气的区别 ……………………… (3)

第二章 全球页岩气资源的分布概况与发展战略 ………………………………… (5)
  一、北美地区页岩气资源的发展战略 …………………………………………… (5)
  二、欧洲地区页岩气资源的发展战略 …………………………………………… (13)
  三、拉丁美洲页岩气资源的发展战略 …………………………………………… (17)
  四、亚太地区页岩气资源的发展战略 …………………………………………… (18)

第三章 页岩气开发中的环境影响分析 …………………………………………… (25)
  一、页岩气开发对水环境的影响 ………………………………………………… (25)
  二、页岩气开发对土壤环境的影响 ……………………………………………… (27)
  三、页岩气开发对大气环境的影响 ……………………………………………… (28)

第四章 国外页岩气开发的环境法律政策 ………………………………………… (29)
  一、美国页岩气开发的环境法律政策 …………………………………………… (29)
  二、加拿大页岩气开发的环境法律政策 ………………………………………… (34)
  三、欧盟主要成员页岩气开发的环境法律政策 ………………………………… (35)
  四、IEA 非常规天然气开发的黄金规则 ………………………………………… (36)

第五章 我国页岩气开发的环境法律政策 ………………………………………… (38)
  一、我国页岩气开发环境法律政策的现状 ……………………………………… (38)
  二、我国页岩气开发环境法律政策存在的问题 ………………………………… (41)
  三、国外页岩气开发环境法律政策对我国的启示 ……………………………… (43)

第六章 完善我国页岩气开发的环境法律政策构想 ……………………………… (49)
  一、完善我国页岩气开发环境保护相关的法律法规 …………………………… (49)
  二、完善我国页岩气开发环境监管法律制度的途径 …………………………… (54)
  三、完善我国页岩气开发环境风险防控法律制度的途径 ……………………… (56)

第七章 国内外页岩气开发环境保护案例分析 ……………………………（61）

　　一、国外页岩气开发环境保护案例分析——以美国为例 ……………………（61）

　　二、国内页岩气开发环境保护案例分析 ……………………………………（73）

第八章 结　论 ……………………………………………………………（101）

主要参考文献 ……………………………………………………………（106）

第一章　页岩气的相关理论概述

自然界中天然存在的一切气体都可以称为天然气,天然气可以分为常规天然气和非常规天然气两种。常规天然气可以用常规的技术手段进行开采、生产和利用,对开采技术的要求不算高,开采的成本也比较低,开采起来相对容易。常规天然气主要集中在欧亚大陆和中东地区,截至2018年底,全球常规天然气剩余技术可采资源量为$432 \times 10^{12} m^3$,其中欧亚大陆常规天然气剩余技术可采资源量为$134 \times 10^{12} m^3$,中东地区常规天然气剩余技术可采资源量为$103 \times 10^{12} m^3$,大约占据了全球常规天然气剩余技术可采资源总量的1/2。非常规天然气需要进行储层改造才能开采利用,对开采技术的要求比较高,开采的成本也比较高,开采起来相对困难。非常规天然气一般包括致密砂岩气、煤层气、页岩气以及天然气水合物等,非常规天然气主要集中在北美地区和亚洲地区,截至2018年底,全球非常规天然气资源中页岩气的剩余技术可采资源量为$233 \times 10^{12} m^3$,其中北美地区的页岩气剩余技术可采资源量为$61 \times 10^{12} m^3$,亚太地区的页岩气剩余技术可采资源量为$53 \times 10^{12} m^3$,大约占据了全球页岩气剩余技术可采资源总量的1/2。本书重点针对页岩气这种非常规天然气的开采利用和开采过程中产生的环境问题及环保法律措施进行分析。

一、页岩气的概念

页岩气是一种非常规天然气,其主要成分是甲烷。它既可以用作清洁能源,比如生活燃气、城市供热等,也可以用作工业原料,比如化工生产、汽车燃料等。因此,开发页岩气具有环境和能源双重价值。一方面,随着社会经济的快速发展,我们生活的自然环境也面临着前所未有的严峻挑战,比如大气污染、水资源污染、全球变暖、雾霾天气等,迫切需要全球各国寻求一条绿色、低碳的发展道路。页岩气燃烧所产生的二氧化碳仅仅是煤炭燃烧中产生二氧化碳量的1/2,是一种高效的清洁能源,因此我国要发展低碳经济,开发与利用页岩气资源是必然选择,能够有效地促进社会经济和环境保护的和谐发展;另一方面,全球经济发展的能源基础是传统能源,比如石油、天然气、煤炭等,但是这些传统的能源随着经济的发展而急剧减少,世界各国都面临着不同程度的能源危机,我国的传统油气资源比较匮乏,并且能源消耗量巨大,尤其是石油消耗量远远高于原油产量的增长率,对外的依赖程度极高,导致我国的能源安全局势十分紧张。页岩气作为一种非常规天然气,开采和利用页岩气资源是缓解能源危机的有效途径。联合国贸易和发展会议(UNCTAD)2018年5月发布的报告中显示,中国页岩气储

量为 $31.6×10^{12} m^3$,居世界第一。2019 年我国用于油气勘查的投资为 821.29 亿元,达到历史最高峰;用于油气开采的投资为 2 527.10 亿元,同比增长了 24.4%。其中,页岩气新增探明的地质储量为 $7 644.24×10^8 m^3$,同比增长了 513.1%;页岩气产量为 $153.84×10^8 m^3$,同比增长了 41.4%。由此可见,我国的页岩气资源十分丰富,开发页岩气资源不仅能够减轻能源负担,保障我国的能源安全,调整我国的能源消费结构,而且能够促进页岩气相关产业的发展,带动就业、促进社会经济的发展。

二、页岩气的特征与开发技术

页岩气的特征主要表现为 4 个方面:首先,页岩气储存在富有机质的页岩中,呈现块状分布的特征,因此是一种自生自储型、连续成藏的天然气藏;其次,页岩气的赋存状态是多种多样的,大部分是以吸附状态存在于有机质颗粒的表面,或者是以游离状态存在于页岩孔隙和裂缝中,还有少部分会以溶解状态存在于干酪根、沥青及结构水中;再次,页岩气的生产周期比较长,一般的气井开采期为 30～50 年,有的甚至更长,比如美国沃思堡盆地 Barnett 页岩气田的开采期为 80～100 年;最后,页岩气的开采难度比较大,对开采技术的要求比较高,页岩气的采收率也比较低,容易对生态环境造成影响,同时页岩气开采相关的法律缺失也影响到了页岩气产业的发展。

页岩气的开发周期主要包括 5 个阶段:第一阶段是钻前工程,主要是临时修建、道路等现场工程,周期约为 60 天;第二阶段是钻井工程,包括垂直钻井和水平钻井两种方式,垂直钻井可以了解页岩气藏的特性,水平钻井则可以暴露更多的储层,获得更高的产量,这一阶段的周期为 15～60 天;第三阶段是完井与压裂阶段,主要是用套管和水泥进行固井与完井,利用水力压裂使页岩气层裂开,这一阶段的周期为 15～30 天;第四阶段是返排阶段,主要是收集、储存以及处理返排到地面的压裂液,这一阶段的周期为 20 天;第五阶段是生产阶段,主要负责生产、储存以及传送开采出来的页岩气,这一阶段的周期为 5～40 年。

目前,页岩气开采首选的、必要的和关键的技术是水力压裂技术,通过高压泵把压裂液送入油井或者气筒,使目标岩层产生断裂或者裂缝,同时用砂把裂缝撑开,进而释放出页岩气。该技术使用到的压裂液中有 99% 以上是由水和砂组成的,而剩下的 0.49% 是由化学添加剂组成的,包括 0.085% 的表面活性剂、0.06% 的氯化钾、0.056% 的胶凝剂、0.043% 的阻垢剂、0.011% 的 pH 调节剂、0.01% 的分解剂、0.007% 交联剂、0.004% 的铁控制剂、0.002% 的阻蚀剂、0.001% 的生物杀灭剂、0.123% 的酸及 0.088 的降阻剂。在压裂完成以后,这些压裂液会返排到地面,进而形成返排液,一旦返排液处理不当,就会对地表水资源和地下水资源造成严重的污染。因此,国外也在研究其他一些水力压裂技术的替代技术,比如液化石油气压裂技术、液态二氧化碳压裂技术、超临界二氧化碳技术等,但是目前这些技术都还不是很成熟,还在试验和验证阶段,所以现阶段的页岩气开发迫切需要制定一些针对环境保护方面的法律法规,减少开发过程中对环境造成的影响。

三、页岩气与常规天然气、致密砂岩气、煤层气的区别

页岩气是一种非常规天然气,它与常规天然气、致密砂岩气和煤层气相比,生成的条件相同,运移模式、储集层和储集空间、赋存方式及成藏条件方面都存在差异。从运移模式看,页岩气以初次运移为主,可以短距离运移或者无运移,页岩中的裂缝和微孔隙是运移的主要通道;常规天然气则需要二次运移,在泥页岩中初次运移后,还需要通过疏导系统再次运移到储集层中;煤层气一般也是初次运移成藏,致密砂质岩是初次—二次运移成藏。从储层介质看,页岩气主要聚集在页/泥岩及其间的砂质夹层中;常规天然气主要聚集在孔隙性砂岩、裂缝性碳酸盐岩中等;煤层气主要聚集在煤层以及其中的碎屑夹层中;致密砂质岩主要聚集在致密储层及其间的泥质、煤质夹层中。从赋存方式看,页岩气20%~80%为吸附状态,剩下的是游离和水溶状态;常规天然气赋存于各种圈闭的顶部高点;煤层气85%以上为吸附状态,剩下的是游离和水溶状态;致密砂质岩的吸附气量小于20%,砂岩底部含气,气水倒置。从成藏特点来看,页岩气属于自生、自储、自保;常规天然气需生、储、盖合理组合;煤层气也是自生、自储、自保;致密砂质岩需生、储、盖合理组合。页岩气与常规天然气、煤层气、致密砂岩气的详细区别见表1.1。

表1.1 页岩气与常规天然气、煤层气、致密砂岩气的对比

对比特征	页岩气	常规天然气	致密砂岩气	煤层气
界定	以吸附、游离状态聚集在泥/页岩系中的天然气	浮力影响下,聚集在储层顶部的天然气	以游离相聚集于致密储层中的天然气,不受或者部分不受浮力控制	以吸附状态聚集于煤系地层中的天然气
主要成分	以甲烷为主,少量的乙烷和丙烷	以甲烷为主,乙烷和丙烷含量变化大	以甲烷为主,乙烷和丙烷含量变化大	以甲烷为主
赋存状态	20%~80%为吸附状态,剩下的是游离和水溶状态	各种圈闭的顶部高点	吸附气量小于20%,砂岩底部含气,气水倒置	85%以上为吸附状态,剩下的是游离和水溶状态
分布特点	盆地古沉降-沉积中心及斜坡	构造较高部位的多种圈闭	盆地斜坡、构造深部位以及向斜中心	具有生气能力的煤岩内部
成因	生物气/热成熟气	多样化	热成熟气为主	生物气/热成熟气
埋藏深度	有深有浅	有深有浅,一般大于1500m	一般小于1500m	一般小于1500m
成藏时间	天然气开始生成之后	圈闭形成和天然气开始运移之后	致密储层形成和天然气大量生成之后	煤层气开始生成之后

续表 1.1

对比特征	页岩气	常规天然气	致密砂岩气	煤层气
运聚特点	初次运移为主	二次运移成藏	初次—二次运移成藏	初次运移成藏
勘探开发	滚动勘探开发	滚动勘探开发/先勘探后开发	滚动勘探开发	滚动勘探开发
开采范围	大面积连片开采	圈闭范围内开采	大面积连片开采	大面积连片开采
成藏勘探有利区	3000m 以浅的页岩裂缝带	正向构造（圈闭）的高部位	紧邻烃源岩储层中的甜点区	3000m 以浅的煤岩成熟区、高渗带
井距	井距大，可以采用单井，多使用少量生产井	井的数量多，需采用井网	井的数量多，需采用井网	井的数量多，需采用井网
储层压力	欠压/常压	超压/常压	欠压/常压	欠压/常压
初期单井产量	低	高	低	低
开采技术工艺	水平井＋多段压裂技术、清水压裂技术和同步压裂技术等	常规工艺技术	比较复杂，必须压裂	裸眼完井技术，定向羽状水平井，水力压裂、排水采气工艺技术
生产特点	生产周期长，采收率较低，气量随时间增加，达到峰值后下降，无水或很少水产出	采收率较高、初期产气量大，随时间增加产量降低，无水或很少水产出，气/水随时间减少	初期产量大，后期供气明显不足，压力急剧下降，稳产比较困难	采收率较低，气量随时间增加，达到峰值后下降，气/水随时间增大

第二章　全球页岩气资源的分布概况与发展战略

目前,全球页岩气资源已经探明的可采储量为 $457\times10^{12}\mathrm{m}^3$,相当于常规天然气资源的储量。全世界有 46 个国家已经发现了页岩气资源,从各个地区页岩气技术可采资源比例来看,亚太地区占据了 24%,北美地区占据了 23%,南美地区占据了 19%,非洲地区占据了 19%,东欧和欧亚地区占据了 9%,西欧地区占据了 3%,中东地区占据了 3%。根据美国能源信息署的统计,全球页岩气资源的总量为 $457\times10^{12}\mathrm{m}^3$,页岩气的技术可采资源量为 $187\times10^{12}\mathrm{m}^3$,其中,中国的页岩气技术可采资源量为 $36\times10^{12}\mathrm{m}^3$,约占全球总量的 20%。全球页岩气技术可采资源量排名前 11 的国家分别为中国、美国、阿根廷、墨西哥、南非、澳大利亚、加拿大、利比亚、阿尔及利亚、巴西和波兰(图 2.1)。

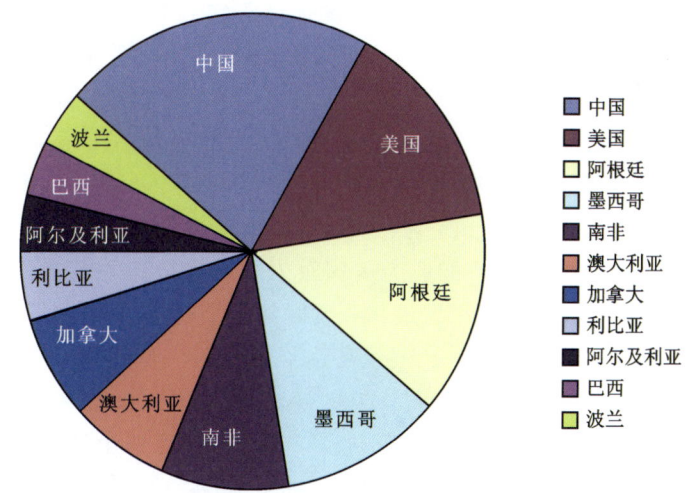

图 2.1　全球页岩气可采储量排名前 11 的国家

一、北美地区页岩气资源的发展战略

世界上最早开发页岩气资源的国家是美国,也是开发时间最长、开采技术最为先进、开发程度最高的国家,其次是加拿大,许多国家的页岩气开发技术和页岩气产业的发展都还处于初始阶段,需要参考与借鉴美国和加拿大页岩气勘探开发的相关经验。北美地区页岩气资源开发有 3 大目标:一是保障北美地区的能源安全,降低北美地区尤其是美国的能源对外依存度;二是吸引页岩气相关的投资,创造更多的就业岗位,促进北美地区的经济发展;三是改善北美地区,尤其是美国的生态环境,保障页岩气产业的可持续发展。为此,北美地区也制定了相关的页岩气开发政策,包括市场政策、生产政策、研发政策及监管政策等,并且取得了明显的效果,比如提高了页岩气资源开发的积极性、建立了公平竞争的市场环境、技术的提升降低了开采的成本,同时也提高了页岩气的产量,促进了页岩气产业的可持续发展。根据北美的开发经验可以看出,要推动页岩气产业的发展,首先需要提高对页岩气的认识,要提供长期的政策支持与技术研发,要加强市场环境的建设和生态环境的保护,保障页岩气开发的经济性和环保性。

1.美国页岩气资源的发展战略

美国早在1821年就开始勘探开发页岩气资源,也是世界上最早开发页岩气的国家。美国政府制定了许多政策推动了页岩气的开采,让页岩气资源发展成为了美国最为重要的供给能源之一。美国的页岩气资源十分丰富,主要集中分布在美国的中部、东部和南部地区,页岩气开采区域主要集中在以下几个地区。一是位于得克萨斯州的沃斯堡盆地中部的 Barnett 页岩气开采区,最初开发时间是 1982 年 6 月,它是美国最早的页岩气产区,截至 2012 年 5 月,开采时间总计 30a,总井数多达 17 980 口,累计产气 3 376.011 78×10^8 m^3。二是位于宾夕法尼亚州和西弗吉尼亚的 Marcellus 页岩气开采区,它是美国页岩气储层面积最大的页岩,位于西弗吉尼亚的 Marcellus 页岩气开采区,最初开发时间是 2005 年 1 月,截至 2010 年 12 月,开采时间共计 5.9a,总井数 1515 口,累计产气 34.618 529×10^8 m^3;位于宾夕法尼亚州的 Marcellus 页岩气开采区最初开发时间是 2009 年 7 月,截至 2011 年 12 月,开采时间共计 2.4a,总井数 2312 口,累计产气 433.272 51×10^8 m^3。三是位于阿肯色州 Arkom 盆地 Fayetteville 页岩气开采区,最初开发时间是 2004 年 3 月,截至 2011 年 11 月,开采时间共计 7.75a,总井数 3730 口,累计产气 711.344 40×10^8 m^3。四是位于路易斯安那州北部以及得克萨斯州东部 Haynesville 页岩气开采区,它很有可能成为美国页岩气产量最高的页岩气藏之一。位于路易斯安那州的 Haynesville 页岩气开采区最初开发时间是 2008 年 1 月,截至 2012 年 4 月,开采时间共计 4.3a,总井数 1402 口,累计产气量高达 1 157.092 28×10^8 m^3;位于得克萨斯州的 Haynesville 页岩气开采区最初开发时间是 2006 年 3 月,截至 2012 年 5 月,开采时间共计 6.25a,总井数 797 口,累计产气量为 481.658 03×10^8 m^3。还有两个气田分别是位于伊利诺伊州的南部以及印第安纳州和肯塔基州 New Albany 页岩气开采区以及位于密歇根州的 Antrim 页岩气开采区。这 6 个区域的页岩气总产量已经占据了美国页岩气资源总产量的 90%,其中 barnett 页岩气开采区和 Marcellus 页岩气开采区是现阶段美国页岩气商业开发的重点(图 2.2)。

1)美国页岩气发展战略的出台及相关立法

1975 年起,美国开始制定一系列与能源相关的立法,包括综合性的方案、专门性的法案以及配套或者辅助性的法案。首先,综合性法案的目标是保障能源供给、实现能源安全。1975 年签署了《能源政策与节约法案》(*Energy Policy and Conservation Act*),并于 1994 年进行了修订;1978 年 11 月签署了《国家能源法》(*National Energy Act*);1980 年 6 月签署了《能源安全法》(*Energy Security Act*);1992 年 10 月签署了《能源政策法》(*Energy Policy Act*);1993

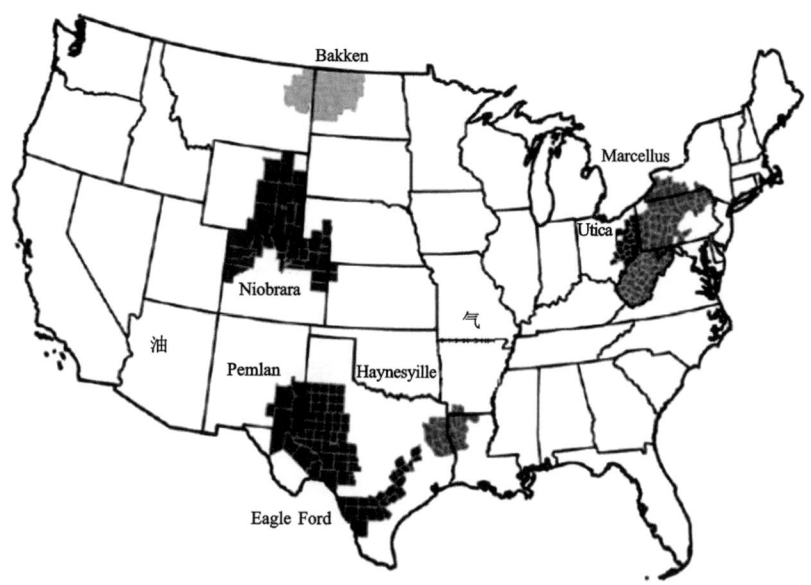

图 2.2　美国页岩气资源的主要产区

年修订了《能源政策和保护法》;2001 年成立国家能源政策制定小组,同年 5 月发布了《国家能源发展集团的报告》(Report of National Energy Policy Development Group);2005 年 8 月小布什政府出台签署《能源政策法》(Energy Policy Act)(修订);2007 年 12 月签署了《能源独立和安全法》(Energy Independence and Security Act);2008 年签署了《能源改进和延长法》(Energy Improvement and Extension Act)。

其次,专门性法案的目标是鼓励可再生能源和清洁能源的发展,保护生态环境,促进经济和环境的可持续发展。1970 年颁布的《清洁空气法》(Clean Air Act)是美国最全面、最有影响力的空气质量法规,该法在《空气污染控制法》(Air Pollution Control Act)和 1967 年《空气质量法》(Air Quality Act)的基础上,对空气污染的控制方面进行了大量的补充和修正,并扩大了联邦政府处理工业污染源的权限;同年还颁布了《1970 年地热蒸汽法案》(Geothermal Steam Act of 1970)。1970 年 12 月,美国成立了环境保护署。1974 年颁布了《地热能研究、开发和示范法》(Geothermal Energy Research, Development and Demonstration Act)、《太阳能供热和制冷示范法》(Solar Heating and Cooling Demonstration Act)、《太阳能研究、开发和示范法》(Solar Energy Research, Development and Demonstration Act)。1978 年颁布了《可再生资源推广法》(Renewable Resources Extension Act)等。

再次,配套立法的目标是节约能源、提高能效。1975 年颁布了《能源政策和节约法》(Energy Policy and Conservation Act);1976 年修正《能源节约和生产法》(Energy Conservation and Production Act),颁布了《资源节约和回收法》(Resource Conservation and Recovery Act);1989 年出台了《可再生能源和能效技术竞争力法》(Renewable Energy and Energy Efficiency Technology Competiveness Act)等。

最后,美国还针对非常规天然气的开发颁布了一系列的法规,确定相关的概念、制定税收优惠和补贴政策、支持开发技术的研发等。1978 年颁布了《天然气政策法》(Natural gas policy Act）；1980 年颁布了《原油暴利税法》（Crude Oil Windfall Profit Tax Act）；1989 年颁布了《天然气井口解除管制法》（Natural Gas Wellhead Decontrol Act）。克林顿政府针对税收优惠和补贴方面，于 1992 年颁布了《能源政策法》（Energy Policy Act），1997 年颁布了《纳税人减负法》（Taxpayer Relief Act），2003 年颁布了《能源税收激励法》（Energy Tax Incentives Act）；2004 年针对政府投资研发颁布了《能源法》（Energy Act）；2005 年小布什政府针对生产补贴颁布了《能源政策法》（Energy Policy Act）；2009 年针对财政拨款颁布了《美国复兴与再投资法》（American Recovery and Reinvestment Act），同年针对清洁能源项目颁布了《美国清洁能源和安全法》（American Clean Energy and Security Act）。此外，针对页岩气开采过程中产生的污染物，美国政府也出台了相关的法律法规，比如 1990 年颁布的《清洁空气法修正案》（Amendments to the Clean Air Act）和 1996 年修正的《安全饮用水法》（Safe Drinking Water Act）等。

2）美国页岩气发展战略的实施情况

20 世纪 70 年代以来，美国政府针对页岩气开发拟定了许多项目和报告，如 1976 年的"东部页岩气项目"（Eastern Gas Shales Project）、"全方位国家能源战略——通向经济可持续增长之路"（The All-of-the-Above Energy Strategy as a Path to Sustainable Economic Growth）以及各类研究报告。美国政府非常鼓励页岩气的开发和相关技术的研发，采取了具体的措施来加以支持。首先，联邦政府拨款建立专门的能源研究机构——天然气资源研究所（Gas Resource Institute），并且自 20 世纪 90 年代起一直与米切尔能源公司合作。在 Barnett 页岩气开采区中应用了许多的开采技术，水压增产技术、减阻水压裂法、重复压裂增产技术、水平井与分段压裂综合技术等，这些技术的每一个突破都离不开联邦政府的支持。其次，联邦政府在清洁能源的技术转换方面、开发节能技术方面以及可再生能源技术研究方面，加大了投资的力度。最后，在第七届清洁能源部长级会议上，美国、加拿大和墨西哥三国的能源部长共同确定进行清洁能源技术创新的合作，共同推进清洁能源的增长和清洁能源技术的创新。

美国东部页岩气成功开发以后，在地方政府的政策支持下，各州掀起了页岩气开发的热潮，美国页岩气发展战略也初显效果。首先是页岩气的产量得到了很大的提升，这里列举一下表现尤为突出的几个州，我们可以对比分析 2007—2014 年各州的页岩气产量，得克萨斯州 2007 年页岩气产量是 $9880\times10^8\,\mathrm{ft}^3$（1ft=0.304 8m），2014 年的页岩气产量高达 $41\,560\times10^8\,\mathrm{ft}^3$；路易斯安那州 2007 年页岩气产量是 $10\times10^8\,\mathrm{ft}^3$，2014 年的页岩气产量高达 $11\,910\times10^8\,\mathrm{ft}^3$；宾夕法尼亚州 2007 年页岩气产量是 $10\times10^8\,\mathrm{ft}^3$，2014 年的页岩气产量高达 $40\,090\times10^8\,\mathrm{ft}^3$；阿肯色州 2007 年页岩气产量是 $940\times10^8\,\mathrm{ft}^3$，2014 年的页岩气产量高达 $10\,380\times10^8\,\mathrm{ft}^3$；俄克拉何马州 2007 年页岩气产量是 $400\times10^8\,\mathrm{ft}^3$，2014 年的页岩气产量高达 $8690\times10^8\,\mathrm{ft}^3$；西弗吉尼亚州 2007 年页岩气产量是 0，2014 年的页岩气产量高达 $8690\times10^8\,\mathrm{ft}^3$，其他各州的增长数据这里就不一一列举。其次是页岩气产业的发展增加了就业的岗位，带动了社会经济的发展。2008 年金融危机以后，美国失业率急剧攀升，2010 年 10 月美国的失业率高达 10.1%，在政府相关政策的刺激下，比如鼓励新能源开发和页岩气开采相关产业的发展等，带动了社会就业，失业率慢慢降低，至 2016 年 11 月美国的失业率已经下降到 4.9%。最后是降低了美国能源对外依赖程度，减少了天然气进口量，增强了能源自给率。自 2005 年起，美国天然气净出口不断增加；至 2015 年美国天然气生产量已经接近消费量；至 2017 年，美国每日平均净出

口约 $4\times10^8\,\mathrm{ft}^3$ 的天然气,成为了天然气净出口国。

美国页岩气发展战略对本国经济产生了很大的影响。一是美国对外油气依赖度不断下降,并且随着页岩气资源的开发与利用,美国天然气进口量急剧下降,出口量也在逐渐增多。二是原油价格和天然气价格的联动机制逐渐减弱,2010 年以前,美国的原油价格与天然气价格的变动趋势是大体相同的,而 2010 年以后,两者价格变动方向开始出现偏差,原油价格上涨,但是天然气价格却下降。三是传统能源被逐渐替代,比如天然气在交通行业逐渐替代了石油,在电力行业逐渐替代了煤炭。从美国的能源结构看,2005 年石油和煤炭的占比分别是 39.9% 和 24.4%,2015 年石油和煤炭的占比则分别下降到了 37.3% 和 17.4%;而天然气的占比则从 24.2% 上升到了 31.2%。四是提供了更多的就业岗位,在 2003—2012 年 9 年间,美国采矿业的就业人数从 52.5 万人增加到 95.7 万人,在总就业人数中的占比也从 0.38% 上升到 0.67%,除金融危机时期,采矿业的就业人数是呈逐年增长的趋势,与此同时,这些就业机会也给州政府和地方政府带来了更多的税收,进而促进了地方经济的增长。五是页岩气的商业化开发为制造业的发展提供了廉价的能源,降低了制造业的成本。

美国页岩气发展战略也给世界能源市场带来了一定的影响。一是主要油气进口来源地受到了很大的冲击,比如加拿大和墨西哥对美国的管道天然气出口量下降,同时美国国内天然气价格的下降也直接影响着加拿大和墨西哥的管道天然气的进口价格。加拿大管道天然气主要出口美国,2001 年出口美国的管道天然气约为 $1\,090.2\times10^8\,\mathrm{m}^3$,到 2012 年则下降到了 $838\times10^8\,\mathrm{m}^3$。随着页岩气产量的增加,美国从天然气进口国变成了天然气出口国。与此同时,美国对中东和加拿大的石油进口量在逐渐增多,石油不可能完全被其他能源所替代,中东地区的国家石油提炼技术比较落后,美国可以利用其先进的石油提炼技术为中东国家加工石油产品。二是可再生能源发展受到影响。目前,全球已经有 4 个国家成功实现页岩气资源的规模化商业开发,由于有着美国开发页岩气的成功经验,世界各国都在加大对页岩气资源的勘探开发力度。在未来的能源结构中,页岩气很有可能超过煤炭,与石油并驾齐驱,进而减缓非化石能源的开发力度。三是在一定程度上改变了世界的地缘政治和能源供应格局。美国页岩气资源的开发给能源供给安全提供了保障,能源自给程度不断提高,美国对外战略的中心也变成了保护国土安全和经济安全,并且随着天然气出口量的逐年增加,美国在全球油气领域的地位也得到了提升,对全球经济的发展有着一定的影响力。四是抑制了世界油气价格的飞涨状况,2014 年世界油气价格出现了下跌。下跌的原因主要有以下几个方面:首先是美国非常规天然气(包括致密气、煤层气和页岩气)和非常规石油(包括致密油和页岩油)的大量开发,既提高了美国能源的自给能力,同时也增加了全球能源的供应量;其次是欧洲国家经济增长缓慢,油气消费急剧下降,直接导致了油气价格的下跌;最后是在原油价格出现下跌的情况下,中东的石油国家为了维持财政的稳定不仅不减少石油产量,反而竞相增产来保持市场份额,由此加剧了油气价格的下跌。

2.加拿大页岩气资源的发展战略

加拿大是世界上第二个成功实现页岩气资源开发的国家。加拿大的页岩气资源也十分丰富,根据 CSUG 的资源评价结果,加拿大的页岩气资源量超过了 $42.5\times10^{12}\,\mathrm{m}^3$;据美国能源信息署的报告显示,加拿大的页岩气资源可采储量为 $10.99\times10^{12}\,\mathrm{m}^3$。加拿大的页岩气资源主要富集在阿尔伯达省南部与美国盆地相连的地方,包括魁北克省的Utica页岩气田、不列颠哥伦比亚省的Horn River页岩气田、新不伦瑞克及新斯科舍省的Horton Bluff页岩气田、艾伯塔和不列颠哥伦比亚省的Montney页岩气田以及艾伯塔和萨斯喀彻温省的Colorado页岩气田,页岩气开采活动则主要集中在加拿大西部。

1)加拿大页岩气发展的相关措施

21世纪初,加拿大工业界开始勘探开发非常规天然气资源。不过由于种种因素的影响,加拿大的页岩气开发一直处于初级阶段。首先,页岩气开发的成本比较高昂,据相关数据显示,Montney页岩区每口井成本在(500～800)万美元,Utica页岩区每口井成本在(500～900)万美元,Horn River每口水平井的成本甚至超过了1000万美元。其次,页岩气的开采会引发很多环境问题,如消耗大量的淡水资源、地表水和地下水污染问题、废水处理问题、大气环境问题等。再次,中东石油战争刺激了加拿大对油砂的开采,政府政策的支持推动了油砂开发技术的发展和开采成本的降低,从而使页岩气资源的开发退居其次。另外,加拿大在2016年签署了《巴黎协定》,承诺至2030年,加拿大温室气体的排放要比2005年减少30%。根据这一承诺,加拿大开始重视页岩气开采中的环境污染问题。最后,加拿大的非常规天然气中,页岩气的开发是最晚的、开采技术的研发也不够先进,产量也比其他的非常规天然气要低。根据美国能源信息署的数据显示,加拿大非常规天然气中,产量最高的是致密气,2014年占比高达84.8%,其次是煤层气,2014年占比8.3%,产量最少的是页岩气。虽然近年来页岩气的产量在不断增加,但是在非常规天然气产量中的占比仍然很低。不过随着页岩气开采技术的进步和相关的环境保护法律法规的制定,加拿大页岩气的发展还是很迅速的。

加拿大页岩气的发展一方面是受到了联邦政府的鼓励,联邦政府通过立法和建立相关的机构来规范页岩气的开采行为;另一方面是得到了地方政府的政策支持,地方政府出台页岩气发展规划,推动页岩气的发展,并防范页岩气开采中的环境问题。1985年颁布了很多法律,首先是根据《国家能源局法》(National Energy Board Act)设立了国家能源局(NEB),并出台了《能源管理法》(Energy Administration Act);其次是为了规范油气开采行为,颁布了《加拿大石油和天然气操作法》(Canada Oil and Gas Operations Act),建立了石油和天然气管理咨询委员会(Oil and Gas Administration Advisory Council)以及石油和天然气委员会(Oil and Gas Committee);再次是为了调整油气利益,颁布了《北方管道法》(Northern Pipeline Act)、设立了北方管道局,颁布了《加拿大石油资源法》(Canada Petroleum Resources Act),修改了《石油和天然气生产保护法》(Oil and Gas Production and Conservation Act),并废除了《加拿大石油和天然气法》(Canada Oil and Gas Act)。1988年颁布了《新斯科舍近海石油资源协定实施法》(Canada-Nova Scotia Of Shore Petroleum Resources Accord Implementation Act);1998年颁布了《麦肯齐流域资源管理法》(Mackenzie Valley Resource Management Act);1999年出台了《加拿大环境保护法》(Canadian Environmental Protection Act);2012年又出台了《加拿大环境评估法》(Canadian Environmental Assessment Act);2016年签订了《巴黎协定》(Paris Agreement);2016年制定了《泛加拿大清洁增长与气候变化框架》(Pan-Canadian Framework for Clean Growth and Climate Change);2016年10月提出了《泛加拿大二氧化碳污染定价方法》(Pan-Canadian Approach to Pricing Carbon Pollution);2016年6月,加拿大、美国和墨西哥共同宣布了《北美气候、清洁能源与环境合作行动计划》(North American Climate, Clean Energy, and Environment Partnership Action Plan)等。

2)加拿大页岩气发展现状与未来发展前景

21世纪以来,除了不列颠哥伦比亚省的天然气产量呈上升趋势,加拿大主要产区的天然气产量在总体上是呈现出下降趋势的。2006年起,加拿大西部钻井的数量开始下降,金融危机期间跌入低谷,直到2014年才开始有所提高。2010年起,加拿大对美国东北部地区和中部地区的天然气出口数量开始急剧下降,根据2010—2015年的相关数据显示,5年间对美国东北部的出口下降了44%,对美国中部地区的出口下降了24%。但是加拿大拥有丰富的页岩气资源,页岩气资源的开发也具有巨大的潜力,只是页岩气开发的速度可能会受到各种因素的限制,比如水资源的缺乏、二氧化碳的排放等。2016年10月,国家能源局发布《加拿大能源未来2016：更新2040能源供需预测》(Canada's Energy Future 2016: Update-Energy Supply and Demand Projections to 2040),考虑到气候政策、能源使用的增加、原油价格、电力部门新能源的增加等因素,对加拿大未来能源结构的变化进行了预测,预测2005—2040年加拿大的天然气需求在化石燃料总需求中仍然占比较大,并且呈上升趋势。非常规天然气的产量逐渐上升,常规天然气的产量逐渐下降,页岩气、煤层气、致密气等非常规天然气将发展成为加拿大能源需求的主要供给部分。目前,加拿大页岩气的主要产地是陆地,未来很有可能转战海上和北部的边境地区,转战海上能够促进加拿大成为液化天然气净出口国。

3.墨西哥页岩气资源的发展战略

墨西哥的油气资源十分丰富,根据英国石油公司统计数据显示,截至2015年,墨西哥探明的石油储量为108亿桶(1桶=0.137t),排名世界第18位;同时,墨西哥也是全球页岩气第四大资源储备国,页岩气资源的技术可采量高达 $5450 \times 10^8 \text{ft}^3$,主要分布在Burgos、Sabinas、Tampico、Tuxpan 和 Veracruz 5个盆地。美国页岩气资源开发利用的成功引起了墨西哥的开采兴趣,但是到目前为止,由于各种因素的影响,墨西哥页岩气的开采还处在初级阶段,只看见了致密气的开采成果,页岩气的开发止步不前。

1)墨西哥页岩气的开发规划

长期以来,墨西哥的能源结构都是以石油和天然气为主,其中石油占据了总量的一半。随着美国页岩气资源的大规模商业开发,墨西哥的石油生产国和出口国的地位急剧下降,甚至成为了石油产品的净进口国;同时,天然气的产量也随着油气产量的下降而下降。墨西哥拥有丰富的天然气资源,却在开采方面相当滞后,不过墨西哥开发页岩气资源是势在必行的。常规天然气的开采使得其剩余量的占比在不断下降,迫切需要新的能源来替代;非常规天然气的可采资源量远远超过常规天然气,但是剩余量占比却占百分之百,说明页岩气的开发潜能是巨大的;墨西哥湾以及萨比娜和布尔戈斯盆地是墨西哥天然气资源最为丰富的地区,但处于零产量的状态,导致墨西哥需要从美国进口管道天然气,因此制定页岩气开发的战略是十分有必要的。为此,墨西哥政府于2013年8月12日宣布能源改革,提出了能源改革措施,与页岩气开发相关的措施包括以下几方面:首先是开发Sabinas和Burgos盆地的页岩气资源;其次是提高清洁能源的占比,至2018年在能源消费总量中,清洁能源要占25%左右,至2024年,要上升至35%左右;再次是引进美国的天然气基础设施,加强油气基础设施的建设;最后是引入市场竞争机制,允许鼓励私人资金的进入,同时促进私人部门竞争。

2）墨西哥页岩气的开发情况

虽然墨西哥政府通过能源改革对页岩气开发制订了相关的规划,但是具体实施起来还是困难重重。根据《2016年墨西哥能源展望》报告,在2030年墨西哥的天然气产量中才会出现页岩气的产量,也就是说开采页岩气至少需要做10年以上的准备工作,到2030年页岩气的产量才会出现增长,直到2040年才有可能占据天然气总量的25%。墨西哥页岩气资源开发之所以进展缓慢,是因为各种因素的影响,一是水资源的缺乏,页岩气开发主要采用水力压裂技术,需要大量的水资源,墨西哥很多地区勘探出了页岩气,但是当地严重缺乏水资源,缺水问题严重阻碍了开发进程。二是开采资金的缺乏,页岩气开发需要投入大量的资金。以墨西哥伊格尔福特区带为例,该区有11口探井,每口井的成本约为1000万美元;Casita/Pimienta区有14口,每口井的成本约为940万美元。同时,国际油气价格的下跌会对页岩气开发企业带来严重的打击,造成页岩气开发企业出现严重亏损,能源消费企业选择进口天然气会给政府的页岩气开发战略带来消极的影响。三是环境污染问题,页岩气开采过程中使用的压裂液含有多种化学成分,压裂液的返排会给地表水和地下水资源造成一定程度的污染,还会影响到土壤环境和大气环境;同时废水的处理会增加页岩气的开采成本。四是开采技术和人才的缺乏,美国之所以能够实现大规模的商业开发,是因为美国已经有了几十年的开发经验,开发技术获得了突破,拥有专业的技术人才队伍,而墨西哥的页岩气开采只是出于初级阶段,在开采技术和人才队伍方面都存在很大的不足。五是基础设施的缺乏,页岩气开发需要完备的基础设施,比如公路网、管道系统及存储设施等,才能把开采好的页岩气资源从生产地输送到加工场和消费者,而这些基础设施的建设需要大量的时间和金钱。六是相邻国家之间的竞争,美国的页岩气开发已经发展到了中级阶段,在生产成本方面远远低于墨西哥,因此作为邻国的墨西哥完全没有竞争优势,加拿大国家能源公司和其他运营商肯定更愿意选择从美国进口天然气。

为了推动页岩气的开发,墨西哥政府提出了页岩气开发的两大情景目标。一个是基准情景计划,即2016年Eagle Ford页岩气开采日产量要达到$20×10^8 m^3$,2026年要达到$140×10^8 m^3$;另一个是战略情景计划,即增加La Casita页岩气开发区,2026年总产量增加到$340×10^8 m^3$。为了实现以上两个目标,墨西哥政府也采取了很多的措施,首先是通过多种方式引进国内外资金的投入,包括通过能源体制改革、招标、开放市场等,吸引国内的一些私营企业以及国外企业的投资,比如2015年墨西哥开展的清洁电力招标,吸引力国内外69家企业参与竞标,投资额多达26亿美元;2017年墨西哥又开始了致密石油区块和页岩气区块的招标计划,吸引更多的投资者到墨西哥开发页岩气资源。其次是加强页岩气开发的基础设施建设,墨西哥政府计划在墨西哥海湾以及沿太平洋沿岸到墨西哥中部的地方建立两大管道设施,并且重视吸引外资参与基础设施的建设。再次是加强人才队伍建设,重视专业人才的引进和培养,墨西哥政府也出台了相关的政策给予支持,比如《联邦移民法》中规定特殊工作或技术人员将不受有关"专业技术人员原则上必须是墨西哥公民"等规则的限制。最后是学习美国和加拿大的成功经验,墨西哥政府需要参考美国和加拿大的经验,制定相关的法律法规制度,保护好生态环境,尤其是水资源环境,制定页岩气开采的技术标准,同时做好开采的全过程监管,才能促进页岩气开发战略目标的实现,进而促进本国经济的可持续发展。

二、欧洲地区页岩气资源的发展战略

对于整个欧洲能源市场来说,页岩气资源的开发有着十分重要的意义。首先,页岩气的开发对天然气市场以及国际石油市场都会产生很大的影响。一方面,世界天然气市场主要有北美市场、亚洲市场和欧洲市场,三大市场的天然气价格在 2006 年以前差异较小,变化的趋势大体相同,但是在 2006 年以后,亚洲市场和欧洲市场的价格呈现上升趋势,北美市场却因为美国页岩气的大规模开发呈现出下降的趋势,并且北美市场与其他两个市场之间的差异还在不断扩大。另一方面,天然气与石油相比有着很大的价格优势,单位产能的石油价格是天然气的三倍左右,因此随着页岩气的发展,石油在很多行业中很有可能被天然气所取代。其次,页岩气的开发在一定程度上影响着世界能源政治格局。俄罗斯在与欧洲的能源关系发生变化以后,战略中心开始东移;美国也因为页岩气革命,霸权地位得到巩固,美国的能源战略不仅仅是保障国内的能源供应安全,更为重要的是谋求全球霸权;在美国对中东国家的石油依赖程度减少以后,中东地区的能源地位也在急剧下降。

1.欧盟页岩气资源的发展战略

欧盟国家天然气的消费量是巨大的,以 2014 年为例,全世界天然气消费量是 $33\,929.94 \times 10^8\,m^3$,欧盟国家的天然气消费量是 $3\,810.96 \times 10^8\,m^3$,占据全世界消费量的 10% 以上,其中英国、德国、意大利、法国与荷兰是欧盟国家天然气消费最多的国家,英国 $666.75 \times 10^8\,m^3$,德国 $709.37 \times 10^8\,m^3$,意大利 $567.53 \times 10^8\,m^3$,法国 $358.51 \times 10^8\,m^3$,荷兰 $321.12 \times 10^8\,m^3$。但是,欧盟国家的天然气产量也在逐年下降,高需求量和低生产量导致欧盟国家需要进口大量的天然气,从而提高了对天然气进口的依赖程度。据统计,2005 年欧盟国家对天然气进口的依赖程度是 41%,2010 年上升至 48%,预计 2030 年会上升到 75% 左右。与此同时,欧盟国家天然气的主要进口渠道是俄罗斯,我们可以分析一下欧洲地区的天然气供给来源,2009 年俄罗斯占比 25%,本土占比 19%,挪威占比 18%,荷兰占比 9%,阿尔及利亚占比 6%,其他地区占比 10%;液化天然气占比 13%;而预计 2035 年俄罗斯占比将上升至 32%,挪威占比降至 13%,荷兰占比降至 1%,阿尔及利亚占比上升至 7%,其他地区占比上升至 11%,而液化天然气占比将上升至 32%(图 2.3)。俄罗斯政府也利用丰富的天然气资源作为重要的工具扩展其国际影响力,欧盟许多国家都要依靠俄罗斯的天然气生产本地约 1/4 的电力,并且俄罗斯需要经过乌克兰往欧洲国家输送天然气,俄罗斯与乌克兰两国之间的关系也直接影响着欧洲的能源供应,危及欧盟国家的能源安全。在此背景下,欧洲国家继续寻找新的能源,使国家能源供给更加多样化。

1)欧盟页岩气开发面临的问题

根据《世界页岩气资源:初步评估》的研究显示,欧洲地区的页岩气总储量高达 $792 \times 10^{12}\,ft^3$($1ft=0.304\,8m$,全文下同),技术可采储量高达 $187 \times 10^{12}\,ft^3$,约占全球技术可采储量的 10%,其中波兰、法国、瑞典等国的页岩气储量最为丰富。为了保障本地区的能源安全,欧盟国家也开始考虑开发页岩气资源。但是由于欧盟地区的地质条件比较复杂,并且页岩气开发会引发

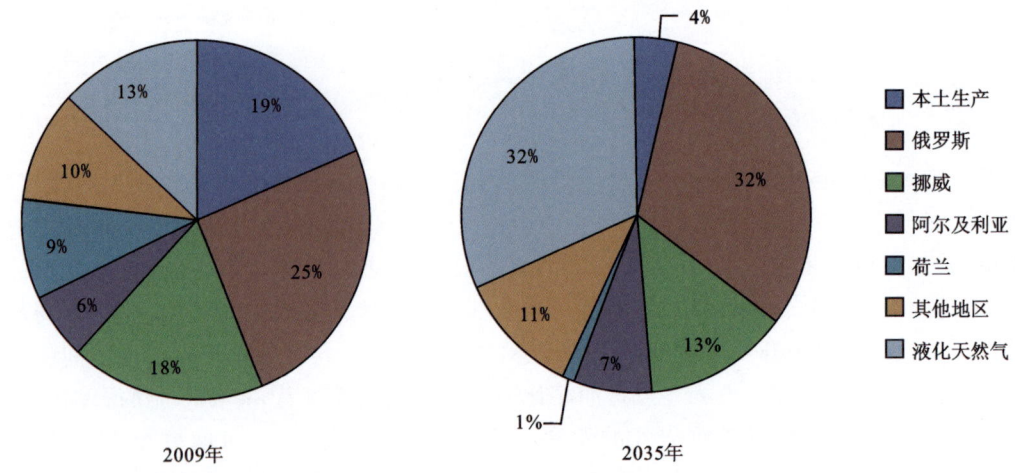

图 2.3 欧洲天然气供应结构

很多环境问题,欧盟各方对于页岩气的开发持不同的态度。尽管能源安全问题以及丰富的页岩气资源使得部分欧盟国家热衷于页岩气资源的开发,但是由于欧盟地区复杂的地理条件以及页岩气的开发导致污染物排放和水土污染等问题,使得欧盟各方对开发页岩气的态度呈现出不同的趋势,这里从两个方面分析欧盟各方对开发页岩气的态度及其采取的措施。首先,从欧盟的管理机构看,欧盟委员会对于开发页岩气是持积极态度的。为了了解欧盟的监管框架是否符合页岩气开发,欧盟委员会委托研究机构做了相关的研究,包括分析页岩气开发的法律基础以及页岩气的开发会对欧盟地区产生的影响,比如对生态环境、气候、能源市场等方面的影响。其次,从欧盟议会方面看,欧盟议会对开发页岩气是持谨慎态度的,要求页岩气开发商披露水力压裂技术所使用的化学物质,并且要完善相关的法律法规来监管页岩气开发行为。最后,欧盟成员对页岩气开发的态度呈现出两极化的态势,以法国为首的多个欧盟国家禁止开采页岩气,比如法国是欧盟第一个禁止使用水力压裂的成员,保加利亚政府也禁止使用水力压裂的方法开采页岩气;波兰、英国等国则比较支持开发页岩气,波兰政府认为页岩气排放的温室气体是比化石燃料要少的,开发页岩气资源能够减少对俄罗斯能源的依赖程度,同时开采页岩气的时间肯定要比建核电厂要短,因此波兰的积极性最高,并且波兰政府也给予了政策方面的支持;英国虽然一开始也禁止开采页岩气,但是后来出于能源安全的考虑,也转变了态度,于 2012 年 12 月 3 日宣布解除开采页岩气的禁令,2014 年 1 月提出减免页岩气开发的税收;其他的欧盟国家对开发页岩气则持一种摇摆不定的态度,比如德国 2012 年 12 月拒绝对水力压裂实施禁令,2013 年 2 月又颁布立法草案,宣布在环保的前提下允许用水力压裂开发页岩气,2013 年 11 月又提出需要证明水力压裂不会对环境和公众健康产生不利影响才能开发页岩气;又比如,西班牙的中央政府是比较支持开发页岩气资源的,但是西班牙页岩气的开发许可不仅是靠中央政府管理,还需要地方自治机构共同管理,2013 年 4 月,坎塔布里亚的自治社区就通过一个法案,宣布禁止使用水力压裂开发页岩气。

除了欧盟各方对于页岩气资源的开发持不同的态度以外,欧盟开发页岩气资源还面临着其他一些问题,严重阻碍了页岩气发展的速度。首先,欧盟地区的地形比较复杂,人口密集度较高,增加了勘探与开采页岩气资源的难度。欧盟地区与北美地区地质条件存在差异,因此不能完全应用北美地区的页岩气开采技术,并且欧洲地区最有潜力的页岩气盆地位于海上,而海上页岩气开发技术现阶段并不成熟。从开发成本来看,美国页岩气生产的成本为3~7美元/百万油当量,而欧盟的页岩气生产成本为8~12美元/百万油当量,是美国的2~3倍。从人口密度来看,欧盟地区的人口密度是北美地区的5倍多,一方面有可能出现与社会公众争夺土地资源的局面,另一方面会造成页岩气行业与农业用水、生活用水以及工业用水竞争水资源的局面。其次,欧盟国家钻井机的数量比较少,2015年3月欧盟国家拥有天然气钻井机30台、陆地钻井机80台,并且呈现出逐年减少的趋势,说明欧盟国家的基础设施十分薄弱,并且欧盟国家对天然气的投资是较少的,年平均投资额仅为190亿美元,并且大部分都是用于运输方面,很少部分会用于天然气的开发和投资。与此同时,欧盟国家页岩气服务公司较少,页岩气开发企业的生产成本大大增加,企业的利润也大大降低。最后,欧盟国家十分重视环境保护,民众的环保意识非常强烈,其他一些环保团体也非常担忧页岩气开发带来的环境污染问题,因此反对进行页岩气开发,这在一定程度上给欧盟及其成员政府的页岩气开发决策带来了困扰。

2)欧盟页岩气开发概况

上文中提到欧盟国家中只有两个国家是明确表态支持页岩气资源的开发,这里就只分析波兰和英国的页岩气开发概况。波兰的页岩气资源储量约为$5.3\times10^{12}m^3$,主要分布在波罗的海、波德拉谢以及卢布林地区,技术可采储量约为$5.3\times10^6m^3$。波兰与俄罗斯的能源合同有效期到2022年,因此,波兰政府十分重视页岩气的开发,并将其视作保障能源安全的重要举措;波兰政府鼓励本土企业开采页岩气,但是在波兰开发页岩气成本比较高,是美国的3倍左右。此外,波兰的人口密度是美国的4倍,因此页岩气开采引发的环境污染也让波兰政府面临巨大的压力。因此,截至目前,波兰也没有实现商业化大规模开采。英国页岩气资源量为$(23~65)\times10^{12}m^3$,技术可采资源量为$(1.8~10)\times10^{12}m^3$,主要集中在北英格兰波罗的海盆地以及南威尔士附近的区域,开发页岩气资源不仅能够创造一种稳定的新能源供给,而且能够提供许多的就业机会,对此,英国的民众十分反对页岩气资源的开发。2011年,在兰开夏Cuadrilla对油井的压裂引发了小地震,随后引发大规模抗议,导致压裂施工暂停;2013年,英国东南部巴尔康比计划用水力压裂进行试开采,随后遭遇上千名示威者的抗议;2018年,Cuadrilla计划用水力压裂方式开采Bowland页岩气田,随后当地环保组织进行了抗议。

2.俄罗斯页岩气资源的分布概况与发展战略

俄罗斯拥有全世界最丰富的天然气储量,约占全球天然气储量的25%,在欧洲能源市场和世界能源市场都有十分重要的地位。在俄罗斯财政收入当中,石油和天然气的出口收入占据了50%以上,其中有75%都是输往欧洲。因此,对于俄罗斯政府来讲,想要保持俄罗斯的经济稳定,就需要保证俄罗斯在欧洲地区的天然气出口量。俄罗斯常规天然气的开采技术比较成熟、开采成本较低,天然气出口管道网络也比较完善。由于页岩气开发的成本比较高,对生态环境也会产生严重的影响,因此以往俄罗斯对于页岩气的开发并不是很重视,自从美国页岩气实现大规模的商业化开采以后,俄罗斯在国际能源市场的地位受到了严重威胁,俄罗斯也开始转变对页岩气开发的态度,并采取了一系列的措施加以应对。首先,俄罗斯的能源战略重心逐渐东移。2009年出台了《2030年前俄罗斯能源战略》,2012年12月提出俄罗斯能源战略重心东移,2014年制定了《2035年前俄罗斯能源战略》;与此同时,俄罗斯还重视与亚太地区的油气合作,在亚太地区,中国、日本、韩国的天然气需求量是十分巨大的,并且天然气的消费量呈现出逐年增长的趋势,因此,中国、日本、韩国也有可能成为俄罗斯天然气出口国。为了缓解页岩气对欧洲能源市场的冲击,俄罗斯也在加快与中国、日本、韩国三国的能源合作。2013年3月中俄达成石油增供协议,2014年5月签署中俄东线天然气合作协议,2014年11月签署了西线天然气项目框架合作协议。其次,俄罗斯调整了与欧洲地区的天然气供应价格。美国大规模商业开采页岩气以后,液化气的进口量急剧减少,欧洲天然气价格受到了巨大的冲击,俄罗斯只有降低天然气价格才能保证在欧洲天然气市场的份额。再次,为增加对欧洲地区天然气供应,同时让天然气出口渠道更加多样化,俄罗斯还进行了大规模的干线管道建设,既包括在欧洲地区进行油气输出建设,也包括在本国东部地区进行基础设施建设。最后,为了应对欧美页岩气开发所带来的冲击,俄罗斯油气勘探投资的力度在逐年增加,尤其是重点投资东西伯利亚地区。

3.土耳其页岩气资源的发展战略

土耳其的天然气消费量是比较高的,并且呈现出逐年上升的趋势,但是土耳其天然气的产量每年都在下降,对俄罗斯天然气的依赖程度非常高。美国能源信息署的数据显示,土耳其的天然气储量高达$4240\times10^8 m^3$,其中页岩气的技术可采储量约为$24\times10^{12} m^3$,主要集中在两个地区,一个是安那托利亚盆地(Anatolian Basin),另一个是色雷斯盆地(Thrace Basin),这两个地区的页岩气储量高达$163\times10^{12} ft^3$,技术可采资源量约为$24\times10^{12} ft^3$;与此同时,这两个地区还拥有丰富的页岩油资源,储量高达940亿桶,技术可采储量约为47亿桶。因此,页岩气资源的开发和利用既能够减少土耳其对俄罗斯的天然气依赖程度,也能够维护本国的能源安全。2011年,加拿大大西洋石油公司开始在色雷斯盆地开采页岩气,至2012年8月完成10次钻井。安纳托利亚盆地的页岩气开采主要由土耳其石油公司进行,土耳其石油公司也积极地寻找合作伙伴共同开发;2012年9月,土耳其石油公司与壳牌合作;2013年2月,土耳其召开了首届页岩气会议,吸引了十余家能源企业前来参加。总的来讲,虽然土耳其的页岩气开发技术不够成熟,开发成本比较高昂,但是面对巨额的能源进口花费,开发页岩气资源才能真正降低对外能源的依赖程度。

4.乌克兰页岩气资源的发展战略

乌克兰每年需从俄罗斯进口大量的天然气,据统计,乌克兰有60%以上的天然气都需要从俄罗斯进口,对俄罗斯的天然气依赖程度极高,乌克兰也因为天然气价格问题,在谈判无果之后与俄罗斯发生过几次冲突。俄罗斯提出降低气价的条件是让乌克兰交出天然气的管道运输权,这对于乌克兰来讲,就不仅仅是一个经济问题,还是严重的政治问题和社会问题。在俄罗斯推进输欧管道建设,并取得了一定的成果以后,乌克兰变得更加被动。根据美国能源信息署的数据显示,乌克兰的页岩气储量高达$12\times10^{12} m^3$,因此页岩气资源的开发很可能帮助乌克兰摆脱俄罗斯的能源控制以及政治控制。但是,页岩气开发的成本十分高昂,根据相关部门统计,乌克兰要进行全面的天然气开发,每年需要投入的资金高达100亿美元,在资金极其紧张的情况下,如果没有外资的投入,乌克兰自己是无法实现页岩气的开采的。同时,由于种种因素的影响,很多外资都不愿意投资乌克兰开发页岩气,比如乌克兰本国的政治原因、乌克兰天然气开发基础设施比较落后等。为此,乌克兰政府也比较重视改善投资环境、吸引外资的投入,2012年5月,乌克兰政府发布两项页岩气的开采许可,一个是允许雪弗龙公司在Oleska油田开采页岩气,另一个是允许壳牌公司在Yuzivska油田开发页岩气,相信在不久的将来,乌克兰会迎来大量的投资机会,生产出大量的天然气。

三、拉丁美洲页岩气资源的发展战略

根据美国能源信息署的数据显示,拉丁美洲地区拥有的页岩气资源量约为29.65×10^{12} m^3,多个国家的技术可开采储量都十分可观。其中,阿根廷的可开采储量约为802×10^{11} ft^3、巴西的可开采储量约为245×10^{11} ft^3、委内瑞拉的可开采储量约为167×10^{11} ft^3、巴拉圭的可开采储量约为75×10^{11} ft^3、哥伦比亚的可开采储量约为55×10^{11} ft^3、智利的可开采储量约为48×10^{11} ft^3、玻利维亚的可开采储量约为36×10^{11} ft^3、乌拉圭约为2×10^{11} ft^3。由此可见,拉丁美洲地区的页岩气有着广阔的开发前景,但是由于种种原因,现阶段的页岩气资源开发还是相对滞后的,不过在美国页岩气革命的影响下,拉丁美洲地区的很多国家还是希望开发本地的页岩气资源。拉丁美洲地区的页岩气资源开发现在还处于起步阶段,开发的速度赶不上需求的增长速度,究其原因,主要受4个方面因素的影响。首先,页岩气开发不仅进展缓慢,而且开发的前景很不明朗,以巴西的Parana盆地为例,虽然该地区的页岩气资源十分丰富,但是钻井的成本比较高,地形勘测比较困难。其次,由于原住民问题和环境问题等导致页岩气开发的不确定性。拉美地区的页岩气开发会涉及原住民问题,比如秘鲁曾多次爆发印第安人抵制油气开发的事件,厄瓜多尔也多次发生印第安人与政府之间关于亚马逊石油开发的冲突事件;另外,当地的环保人士也十分担忧页岩气开发的环境影响,这也直接影响着外来资本的引进。再次,拉丁美洲地区国家的页岩气开发政策不够明朗,缺乏清晰的矿业权,矿业权交易市场也不够成熟。最后,受经济可行性的约束,很多国家的页岩气资源难以取得实质性的进展。以阿根廷为例,由于需要大量的资金投入来开发矿井、建设基础设施和运输设施,导致页岩气开发成本十分高昂。

为了加强页岩气资源的开发力度,拉丁美洲地区的国家开始纷纷寻求合作,通过吸引外资来促进页岩气的开发。首先是与美国的能源合作,以阿根廷为例,早在2013年3月,阿根廷国有企业YPF与美国陶氏化学(Dow Chemical)阿根廷子公司就签署协议共同开发了Vaca Muerta页岩气区块;其次是与中国的能源合作,以阿根廷为例,2009年中国石油天然气集团有限公司(以下简称中石油)和中国海洋石油集团有限公司(以下简称中海油)收购了YPF公司在阿根廷的油气资产,2010年中国石油化工集团有限公司(以下简称中石化)收购了OXY阿根廷子公司及其关联公司,同年中海油与阿根廷布利达斯石油公司合作,共同开发了瓦卡姆尔塔的页岩区块;再次是与俄罗斯等国的能源合作,以巴西为例,2014年7月俄罗斯石油公司与巴西国家石油公司签署协议,寻求出售巴西亚马逊雨林天然气。总而言之,随着拉丁美洲地区国家能源管制的放松以及美国、中国、俄罗斯等国的加入,拉丁美洲地区页岩气资源的开发前景也是十分可观的。

四、亚太地区页岩气资源的发展战略

亚太地区的页岩气资源储藏量十分丰富,但是在分布上并不均匀,主要集中在中国、澳大利亚、印度、巴基斯坦和印度尼西亚5个国家。2019年1月,中国石油经济技术研究院发布的《2018年国内外油气行业发展报告》显示,我国页岩气可采资源量达 $21.8\times10^{12}\mathrm{m}^3$,高居世界第一;澳大利亚的页岩气技术可采资源量约为 $12.37\times10^{12}\mathrm{m}^3$;印度的页岩气技术可采资源量约为 $2.72\times10^{12}\mathrm{m}^3$;巴基斯坦的页岩气技术可采资源量约为 $2.97\times10^{12}\mathrm{m}^3$;印度尼西亚的页岩气技术可采资源量约为 $1.3\times10^{12}\mathrm{m}^3$;中国的页岩气发展比较快速,成为全球已经实现页岩气商业化开采的4个国家之一;澳大利亚的经济比较发达,作为能源生产与出口国,在页岩气储量极为丰富的情况下,页岩气产业的发展前景还是比较乐观的;印度和巴基斯坦已探明的页岩气储量不是很乐观,由此导致页岩气产业发展也受到了影响;印度尼西亚则有可能借助页岩气的开发恢复能源出口国地位;韩国和日本的经济虽然发达,但是页岩气资源比较匮乏,主要采取与其他国家合作开采页岩气的方式来应对页岩气革命所带来的影响。

1.中国页岩气资源的发展战略

中国的页岩气资源主要集中在四川、重庆、新疆、贵州、湖北、湖南、陕西等区域,全国优选出来的页岩气有利区总共有180个,其中,上扬子及滇黔桂区有利区累积面积 $62.42\times10^4\mathrm{km}^2$,占全国总量的56%;中下扬子及东南区累积面积为 $17.44\times10^4\mathrm{km}^2$,占16%;华北及东北区累积面积 $27.01\times10^4\mathrm{km}^2$,占全国总量的24%;西北区累计面积 $4.62\times10^4\mathrm{km}^2$,占全国总量的4%。《2016—2020年中国页岩气行业深度调研及投资前景预测报告》将页岩气的有利区划分为3类:第一类是Ⅰ类有利区,共有11个,面积约为 $10.18\times10^4\mathrm{km}^2$;第二类是Ⅱ类有利区,共有89个,面积约为 $80.90\times10^4\mathrm{km}^2$;第三类是Ⅲ类有利区,共有80个,面积约为 $20.39\times10^4\mathrm{km}^2$。中国的陆域划分出了36个页岩气规划区,面积多达 $150.47\times10^4\mathrm{km}^2$,有 $35.24\times10^4\mathrm{km}^2$ 在油气矿权区块以内,占23.55%。其中,华北地区和华东地区有10个规划区,面积约为 $32.47\times10^4\mathrm{km}^2$;西北地区也有10个规划区,面积约为 $23.71\times10^4\mathrm{km}^2$;上扬子和滇黔桂地区有8个规划区,面积约为 $55.72\times10^4\mathrm{km}^2$;中下扬子和东南地区也有8个规划区,面积约为 $38.57\times10^4\mathrm{km}^2$。我国的地质条件十分有利于页岩气资源的富集,尤其是在四川盆地、鄂尔多斯盆地、渤海湾盆地、松辽盆地、吐哈盆地、江汉盆地、塔里木盆地、准噶尔盆地等地,这些地区的地质特征都十分符合页岩气的成藏条件;中国南方海相页岩地层则是页岩气资源的主要富集地区。四川盆地有两个地层的页岩气资源十分丰富,一个是威远地区的九老洞页岩,另一个是泸州地区下志留统龙马溪页岩,这两个地层的页岩气资源总量为 $(6.8\sim8.4)\times10^{12}\mathrm{m}^3$,相当于整个四川盆地的常规天然气总量,是未来页岩气资源勘探的主要方向。重庆地区则是页岩气资源最有利的成矿区带,包括綦江、万盛、南川、武隆、彭水、酉阳、秀山和巫溪等区县,被国家确定为首批实地勘查工作目标区。目前,中国页岩气的主要四大产区是涪陵页岩气田、川南页岩气田、威(远)荣页岩气田和长宁页岩气示范区。涪陵页岩气田是中国最早投入商业开发的大型页岩气田,也是中国石油化工集团有限公司取得的第一个页岩气采矿权,于 2013 年 1 月开工,2018 年 4 月竣工验收,截至 2019 年底,生产的页岩气已经超过了 $270 \times 10^8 m^3$。川南页岩气田是我国页岩气的主要产区,包括四川宜宾、泸州以及内江等地,日产量高达 $2011 \times 10^4 m^3$,是现阶段国内日产量最大的页岩气田;威(远)荣页岩气田位于四川的内江、自贡境内,已探明的页岩气储量为 $1247 \times 10^8 m^3$,是中石化取得的第二个页岩气采矿权;长宁页岩气示范区包括四川长宁、珙县、兴文县和筠连县四县,日产量高达 $1190 \times 10^4 m^3$,是中石油页岩气日产量最高的区块。

1)中国页岩气发展战略的出台

从能源储量、能源生产、能源消费以及能源贸易的角度看,中国的能源资源在不断地发现,能源的储量和能源的消费量也在不断地增加,但是能源生产和能源消费之间的差距在逐渐加大,导致中国的能源安全存在较大的隐患;从中国低碳发展的国际承诺来看,中国清洁能源的生产和消费都在不断地扩大,迫切要求加大清洁能源的开发力度;页岩气资源作为一种非常规的天然气,其开发和利用有利于促进经济、能源和环境的可持续发展。中国政府也在页岩气勘探的初步结果之上确立了页岩气发展战略。2009 年设立了"页岩气勘探开发关键技术"研究项目,并成立了国际能源页岩气研究(试验)中心;同年 12 月中石油在川南页岩区开钻了第一口页岩气井——"威 201 井",第二年开始产气,至 2011 年,在川南地区钻井约 20口,日产量超过 $10\,000 m^3/$口;2011 年国土资源部建立了页岩气有利目标区优选标准,并优选出一批页岩气富集有利区;2011 年 12 月 3 日,国土资源部将页岩气作为独立矿种进行管理,并确定了"调查先行、规划调控、合同管理、加快突破"的工作路径;2012 年 3 月 13 日发布的《页岩气发展规划(2011—2015 年)》将页岩气发展纳入"十二五"规划,确定了页岩气发展的基本原则,包括坚持科技创新、体制机制创新、常规与非常规结合、自营与对外合作并举、开发与生态保护并重等原则,同时制订了"十二五"页岩气规划目标;2012 年 10 月 22 日发布了《天然气发展"十二五"规划》,再次重申了页岩气"十二五"发展目标以及落实页岩气产业鼓励政策;2013 年 10 月 22 日发布了《页岩气产业政策》,进一步明确了页岩气开发的支持政策,一是财政扶持方面的政策,如加大对页岩气资源的勘探开发等财政扶持力度,二是减免税收方面的政策,如对页岩气开发的企业减免矿产资源补偿费、矿权使用费等。

"十二五"规划发布以后,国家也制定了很多措施来推进页岩气的发展。一是建立研究机构,攻克页岩气开发的技术难关。政府设立了国家能源页岩气研发中心以及"页岩气勘探开发关键技术"研究项目,在山地小型井工厂、优快钻完井、压裂改造等方面进行技术创新。二是中央政府发放财政补贴,支持页岩气开发和利用的企业。2012—2015 年期间的补贴标准是 $0.4 元/m^3$;2016—2018 年期间的补贴标准是 $0.3 元/m^3$;2019—2020 年期间的补贴标准是 $0.2 元/m^3$。三是鼓励国有企业和地方企业合作共同开发页岩气资源,比如"十二五"期间,中石化和中石油就与地方企业成立公司,共同开发重庆涪陵、四川长宁等页岩气区块。四是加大政府的政策扶持力度,为页岩气产业的发展创造良好的外部环境,比如建立矿权管理制度、制定页岩气就地利用政策、简化项目总体开发方案审批等。五是加强页岩气开发的监督管理,防止开发过程中产生的环境影响。比如 2014 年修订《中华人民共和国环境保护法》,修订了页岩气开发相关环境标准。六是建设天然气管道,提高基础设施能力,形成多个气源供应,多种方式调峰以及平稳安全的供气格局。

2)中国页岩气资源的开发概况

"十二五"期间,中国政府出台了《页岩气发展"十二五"规划》《天然气发展"十二五"规划》等文件,加大对页岩气产业发展的政策扶持力度。2016年9月14日,国家能源局发布了《页岩气发展规划(2016—2020年)》,并提出了页岩气发展的两个目标。一个是2020年的发展目标,即完善成熟3500m以浅海相页岩气勘探开发技术,突破3500m以深海相页岩气、陆相和海陆过渡相页岩气勘探开发技术,力争实现页岩气产量$300×10^8 m^3$;另一个是2030年的发展目标,即"十四五"和"十五五"期间,页岩气产业加快发展,海相、陆相及海陆过渡相页岩气开发均获得突破;新发现一批大型页岩气田,并实现规模有效开发;实现页岩气产量$(800～1000)×10^8 m^3$。"十三五"规划中,中国能源局确定了5个重点建产区,即涪陵勘探开发区、长宁勘探开发区、威远勘探开发区、昭通勘探开发区以及富顺-永川勘探开发区;6个开发区,即宣汉-巫溪勘探开发区、荆门勘探开发区、川南勘探开发区(荣昌-永川、威远-荣县)、川南勘探开发区(川南)、美姑-五指山勘探开发区以及延安勘探开发区;7个潜力研究区块,即贵州省的正安区块和岑巩区块、湖南省的保靖区块和龙山区块、重庆市的城口区块和忠县-丰都区块、湖北省的来凤-咸丰区块。

中国的页岩气开发虽然取得了一定的进展,但是面临着很多挑战。首先,页岩气开发投入的资金和规模较大,开发的周期较长,开发企业面临着巨大的资金压力和投资风险,导致很多中小企业都缺乏投资的热情。以重庆的"黔页1井"为例,打一口水平井的成本是7000万元左右,页岩气流量约为$308 m^3/h$,虽然政府有相关的补贴,但是完全无法填补开发企业的资金缺口,导致该井燃烧4h后就被封井。其次,中国很多区块的页岩气资源都是埋深超过了3500m,尤其是川南地区埋深超过3500m的资源是超过了一半的,这对开采技术和设备方面都提出了很高的要求,但是中国的深层开发技术并不成熟,严重影响了页岩气开发规模的扩大。再次,页岩气资源勘查的主体比较少,导致竞争不足,甚至出现部分区块内"占而不勘"的现象,页岩气技术服务市场不发达也无法促进页岩气开发技术的突破。与此同时,国际油气价格的下调也影响了页岩气市场的开发。与常规天然气相比,页岩气的成本较高,竞争力较低,在天然气供应充足的情况下,天然气市场开拓的难度较大。最后,很多地区的天然气基础设施比较落后,比如输配官网不够发达,调配和应急机制不够健全,储气能力建设比较滞后等,给页岩气的开发和利用带来了很大的隐患。面对这些严峻的挑战,中国政府提出了页岩气发展"十三五"重点任务。首先要大力推进页岩气的技术攻关,包括页岩气地质选区及评价技术、深层水平井钻完井技术、深层水平井多段压裂技术、页岩气开发优化技术、开采环境评价和保护技术等方面的攻关;其次是按照重点建产、评价突破及潜力研究分层次地进行页岩气的布局和勘探开发;再次是加强国家级页岩气示范区的建设,比如长宁-威远、涪陵、昭通和延安等页岩气示范区的确立,并示范适用的体制机制;然后是完善页岩气基础设施和市场,支持页岩气接入管网或者就近利用基础设施,并鼓励各种投资主体进入销售市场,形成页岩气开采、销售和城镇燃气经营等多种主体并存的市场格局;最后是建立页岩气开采的保障体系,比如勘查评价数据库、关键技术攻关、投资主体的引入、鼓励合资合作、加大政策扶持等。

2.澳大利亚页岩气资源的分布概况与发展战略

澳大利亚被誉为"坐在矿车上的国家",矿产资源的种类和总量都十分丰富,并且人均资源占有量较多。澳大利亚既是煤炭生产大国,也是煤炭出口大国,煤炭出口量占世界第二位,同时也是世界第三大液化天然气出口国。不仅如此,澳大利亚也蕴藏着丰富的页岩气资源,受美国页岩气革命成功的影响,澳大利亚政府十分重视页岩气资源的开发利用,不仅在国内掀起了页岩气的勘探热潮,同时也吸引了众多国际能源企业到澳大利亚合作开发页岩气资源。从国内能源企业来看,澳大利亚全球勘测公司、森纳士能源公司、海滩能源公司和Icon能源公司都致力于珀斯盆地的页岩气勘探开发,阿莫公司也专注于昆士兰州的页岩气勘探开发;从国际能源企业来看,2010年中海油与澳大利亚Exoma公司合作开发昆士兰Galilee盆地的页岩气井项目,2012年挪威国家石油和加拿大Petro Fontier公司合作开发澳大利亚北领地Georgina盆地页岩气项目,2012年法国道达尔公司和澳大利亚中部公司签署澳大利亚中部页岩气勘探项目购入协议,2013年埃克森美孚与澳大利亚Ignite Energy Resources公司合作开发澳大利亚维多利亚州吉普斯兰德盆地页岩气,2013年雪佛龙收购了Beach Energy公司在澳大利亚中部Cooper盆地60%的权益,2013年中石油购得了康菲石油在澳大利亚Browse盆地页岩气20%的权益以及在Canning盆地页岩气项目29%的权益。截至2013年末,埃克森美孚、雪佛龙、康菲、挪威国家石油公司、道达尔、BG集团等国际能源企业在澳大利亚投资开发页岩气的资金已经多达15亿美元。

澳大利亚开发页岩气资源面临着很多障碍,主要体现在3个方面。首先,澳大利亚开发页岩气的成本相对较高,给开发企业带来了很多投资风险。据估计,澳大利亚开发页岩气的成本是美国的2倍,因此页岩气的价格也会随之升高。其次,天然气价格的下降会影响到页岩气的开采。在澳大利亚,能源出口和其他矿产品的出口占据了很大的比重,天然气价格下降势必会影响到能源产品的价格,与此同时,来自俄罗斯和加拿大等国天然气供应的竞争也会导致天然气价格的下降。最后,环境影响也会影响到页岩气开发的成本,比如劳动力的短缺、物流费用的增加、澳元的走强等,都会增加天然气的开发成本。当然,澳大利亚开发页岩气资源也有着很多优势,首先是拥有丰富的储藏量,据油气杂志统计结果,截至2017年底澳大利亚石油剩余探明储量达2.49×10^8 t,储采比为18.5,天然气剩余探明储量达$19\,875.1 \times 10^8$ m^3。2017年2月,Origin Energy公司在必特鲁盆地发现特大页岩气资源,这一天然气田的气储量,相当于2015年中国常规天然气地质总储资源量的20%,是北部领地陆上盆地中最有前景的非常规资源,同时证实了该区域具有非凡的页岩气潜力。其次是环境方面的优势,澳大利亚的页岩气资源主要集中在人烟稀少的内陆地区甚至沙漠地区,与中国和美国相比,开发页岩气的环境成本将会大大减少。再次是市场区位优势,澳大利亚紧邻东亚地区,东亚国家经济发展快速,但是能源十分短缺,所以澳大利亚也顺势发展成为了亚太地区天然气主要供应国,比如日本和韩国的天然气主要从澳大利亚进口。最后是社会法治环境的优势,前文有提到拉美地区的政治因素是影响页岩气开发的一个重要因素,而澳大利亚的社会环境良好,法律体系比较健全,投资政策也相对完善,更为重要的是政府的决策公平、公正、公开、透明,政府对于能源出口和外资的引入也是持支持的态度,并且制定了能源税收优惠政策,在能源开发基础设施建设方面也发挥着积极作用,这些都大大降低了页岩气勘探开发投资的风险。

3.印度页岩气资源的发展战略

印度是一个发展中大国,随着经济的快速发展,印度能源消耗也在逐年增加。2012年印度成为世界第四大能源消费国,2015年就跻身于世界第三大能源消费国,根据美国能源信息署的分析,预计到2040年,印度将成为世界第二大能源消费国。相比日本和韩国,印度的能源还是比较丰富的,已探明煤炭储量占世界储量的8.6%,已探明石油储量占世界储量的0.5%,已探明天然气储量为$1\times10^{12}m^3$。印度的煤炭消费是高于石油和天然气的,但是印度的能源自给率还是较低的,并且印度人口众多,占据了世界人口的20%,人均资源占有量较低。与此同时,印度的能源利用率也比较低,存在能源浪费的情况,主要原因在于印度的能源利用体制不够合理、外交环境不够良好等。因此,印度还是十分渴望能够开发和利用新的能源,扩大能源储备。据美国能源信息署2011年估算,印度页岩气原地总储量为$8.3\times10^{12}m^3$,可开采储量为$1.78\times10^{12}m^3$。2013年美国能源信息署修正的印度可开采量为$2.72\times10^{12}m^3$。其中,坎贝盆地的可采量约为$8353\times10^8m^3$,占总量的31%;高韦里盆地的可采量约为$1274\times10^8m^3$,占总量的5%;克里希纳-戈达瓦里盆地的可采量约为$16\ 112\times10^8m^3$,占总量59%;达莫达尔盆地的可采量约为$1529\times10^8m^3$,占总量的5%。由此可见,印度还有着很大的页岩气资源开发潜力。坎贝盆地原本是印度一个比较重要的油田,经过几十年的开采,石油储量已经开始枯竭,页岩气资源的发现又让它重现生机。该盆地也是印度第一次采用水力压裂技术开采页岩气资源,由于地质条件比较复杂,页岩气分布比较分散,增加了勘探开采的难度,但是该盆地开采页岩气资源的前景还是十分可观的。2011年,印度石油天然气公司在该盆地进行页岩气的试验性开发,但是由于种种原因,页岩气开发并没有迅速发展起来,反而放慢了开发的脚步,导致很长一段时间以来印度还没有真正进入页岩气的实质性开发阶段。同时,由于印度能源开采的技术比较落后,印度选择与海外的能源企业进行合作,共同开发页岩气资源,这样不仅可以促进页岩气资源的开发利用,而且也可以提升印度的能源开采技术水平。尤其是中国与印度在能源结构和经济发展方面有着很多相似的地方,因此加强中国与印度的页岩气开发合作,不仅有利于解决两国面临的能源问题,也有利于弥补两国在政治上的分歧,还有利于争得能源需求大国的话语权。

4.巴基斯坦页岩气资源的发展战略

巴基斯坦是世界第五人口大国,经济发展比较落后,能源相对贫乏。煤炭资源的储量虽然比较丰富,但是由于开采技术和资金投入的问题,煤炭的开采量并不能弥补能源需求的短缺,大部分石油及其制成品还需要依赖进口,天然气储量虽然丰富但是消耗量巨大,以上种种问题都制约着巴基斯坦经济的发展。2013年第二次勘测美国能源信息署报告称,巴基斯坦蕴藏技术可开采量为$2.973\ 3\times10^8m^3$。2015年巴方与美国国际开发署联合进行资源勘探,探明巴基斯坦页岩气是之前探明储量的数倍。乐观估计,页岩气储量的提高将有可能改变巴基斯坦能源短缺地位。但是巴基斯坦盆地的地质构造比较特殊,且页岩气资源都是分散分布的,对于开采的技术要求也特别高,而水力压裂技术不仅资金投入量大、容易造成环境污染,重要的一点就是需要大量的水资源,但是巴基斯坦严重缺乏水资源,开采的难度大大增加,不得不寻求对外能源合作。一方面,巴基斯坦页岩气富集区紧邻伊朗和印度,可以利用独特的能源战略地理位置,建立起东西方能源运输通道,并将其变成能源出口集散地;另一方面,巴基斯坦的页岩气储藏区有一部分是与印度相连的,在地质构造和储藏特点方面都有着很多共同之处,如果两国能够加强能源合作,可以大大降低页岩气开采的成本。

5. 印度尼西亚页岩气资源的发展战略

印度尼西亚(简称印尼)是一个能源大国,能源收入曾经占据了国民收入的20%以上。印尼是世界煤炭第一大出口国,世界液化天然气(LNG)的主要出口国,还曾是东南亚地区石油和天然气第一出口大国。但是随着经济的发展,印尼的石油和天然气储量急剧下降,甚至不能满足能源消费的需求,因此需要寻找一种新的能源来缓解紧张的局势。据估算,印尼页岩气资源量约为 $570×10^{12}\,\text{ft}^3$,其中苏门达腊岛页岩气储量约 $233×10^{12}\,\text{ft}^3$,巽他群岛页岩气储量为 $194×10^{12}\,\text{ft}^3$,巴布亚岛约 $90×10^{12}\,\text{ft}^3$,瓜哇岛 $48×10^{12}\,\text{ft}^3$,其余页岩气储量分布在其他岛屿。虽然印尼的页岩气资源储量与页岩气大国相比有很大的差距,但是开发页岩气资源是势在必行的,主要为满足国内能源消费需求。2013年印尼国家石油公司开始勘探开发苏门答腊岛北部页岩气资源,这是印尼第一次开采页岩气资源。但是,在印尼开发页岩气资源存在很多问题,比如基础设施不够完善、价格机制不够灵活、监管体制也不够健全等,这些都直接影响着外资企业对印尼页岩气开发的投入。截至目前,印尼页岩气资源的开发还十分缓慢,无论在开采技术还是在合资企业的引入方面都没有很大的进展,当然印尼政府并没有放弃对页岩气资源的勘探开发,而是在进行详细的规划,期待未来能有质的飞跃。

6. 日本页岩气资源的发展战略

日本的能源比较匮乏,政府采取的能源政策主要是节能开源。在很长一段时间里,日本都是依赖于中东廉价的石油,在中东爆发石油危机以后,日本的经济发展也随之出现了滑坡,这就迫使日本寻找新的能源路径,让石油的来源更加多元化,能源的替代更加多样化,同时大力开展节能运动。日本比较重视核电,核电的利用也暂时缓解了日本的能源危机,但是在2011年日本福岛核电站发生事故以后,便停止了核电能源的运转,日本再次面临了能源危机,随后增加了石油、煤炭、天然气的进口,同时也导致温室气体排放增加,给生态环境造成了很大的影响。天然气作为一种清洁能源受到了日本政府的青睐,美国页岩气商业化开采的实现,让页岩气成为日本可供选择的能源产品。

虽然日本的页岩气资源比较贫乏,但是美国的页岩气革命仍然对日本产生了很多积极的影响,包括世界能源价格的下降以及日本对外合作开发页岩气。一方面,日本与北美开展了页岩气合作。比如,2011年三菱商事株式会社主导了加拿大不列颠哥伦比亚省科尔多瓦堆积盆地的页岩气开发计划,住友商事株式会社也积极参与北美页岩气合作项目。2012年2月,日本三菱商事株式会社已与加拿大能源巨头尼克森(Nexen)就收购不列颠哥伦比亚省页岩气田的四成权益达成协议,包括约145亿美元的收购费用以及今后5年的开发费用,三菱商事株式会社总投资额将达到60亿美元。另一方面,日本的能源企业与金融企业也参与了页岩气的开发。从能源企业投资来看,2011年,伊藤忠联手美国投资基金收购了Samson,合作开发美国俄克拉何马州的页岩气项目,同年,三菱商事株式会社与澳大利亚石油/燃气公司Buru Energy Limited合作开发澳大利西部金伯利地区页岩气项目;2012年,住友商事株式会社、丸红、三井与美国的Devon Energy合作开发美国得克萨斯州页岩油气项目,同年,三菱商事株式会社与加拿大尼克森合作开发加拿大不列颠哥伦比亚省页岩气田;2013年,三井物产与墨西哥国家石油公司合作开发美国边境的页岩气项目,同年,丸红、日本库页岛石油开发合作公司与俄罗斯石油公司签署页岩气购买协议。从金融企业投资来看，2012年，日本石油天然气-金属矿物资源机构参与开发加拿大页岩气项目；2014年，三菱东京UDJ银行、国际协力银行参与了美国的"卡梅伦"项目、"自由港"项目以及"湾点"项目。不过，日本积极参与页岩气资源的开发并不代表能获得预期的收益，比如2012年住友商事株式会社向德文能源公司投资20亿美元开发得克萨斯州的页岩油气田，但是由于地质条件等方面的原因，导致开采项目出现了亏损。

总之，美国的页岩气革命给日本带来了很大的影响。首先，为了应对能源危机，日本无时无刻不在关注周边国家的页岩气勘探开发，并积极参与到各个国家的开发项目；其次，美国页岩气商业化开采的实现刺激了日本对另外一种新能源——可燃冰资源的开采，未来很有可能引发新一轮的"页岩气革命"；再次，其他国家页岩气资源的开采势必影响到天然气的价格，也会影响到日本的能源产业部门，进而影响到日本的产业结构与经济增长；最后，很多国家的页岩气资源都比较丰富，因此日本未来进口页岩气不会集中到某一国家或者地区，也就降低了日本对页岩气需求的地缘风险。同时，随着美国页岩气资源开采量的增加，对日本参与的企业也给予了出口许可，也就是有更多的国家可以向日本供应页岩气制成的液化天然气。

7.韩国页岩气资源的发展战略

韩国的能源资源也比较匮乏，能源的自给率远远低于日本，页岩气资源储量几乎为零。面对美国页岩气革命的冲击，韩国所采取的政策与日本大致相同，都是加强与其他国家的合作，共同开发页岩气资源。比如，2012年韩国与加拿大签署协议，共同开发不列颠哥伦比亚省西海岸页岩气资源。经过几十年的发展，韩国在很多领域都有着强有力的竞争力，比如电子、汽车、造船等领域，但是页岩气革命以后，很多国家都实现了页岩气资源的成功开采，促使能源的使用成本大大降低，相关产业的竞争力也大大提升，这就给韩国能源消耗较大的产业带来了很大的影响。面对美国页岩气革命所带来的影响，韩国需要做的就是采取有效的措施来积极面对，既包括与已经成功开发页岩气资源的国家合作，也包括与计划开采页岩气资源的国家合作。

第三章　页岩气开发中的环境影响分析

水力压裂技术是美国成功实现页岩气革命的一项重要技术,也是目前世界各国开采页岩气广泛使用的技术。水力压裂技术是指利用高压把压裂液与水和泥沙的混合物注入地下井,通过压裂附近油层的岩石结构,形成一个流体通道来收集天然气。这种技术的使用会给环境带来巨大的风险,比如造成水资源的浪费和污染;钻井过程中也有可能改变当地的地质结构,从而引发地震;存储和运输过程中可能会发生甲烷的泄露,导致温室效应的发生;占用土地资源、产生噪声污染以及耗费水资源等都会严重影响到开采地居民的生活。

一、页岩气开发对水环境的影响

虽然开发页岩气有着很大的优势,但是也会造成严重的水环境问题,比如水资源的大量消耗以及水资源的污染等问题,威胁着整个水环境的构成。我国的页岩气埋藏较深,主要富集地区的地形比较复杂,人口比较密集,钻井开采难度较大,在页岩气发展规划的 13 个重点省中,7 个省份都严重缺乏水资源,给当地的水环境带来了严峻的挑战。

1.页岩气开发对地下水的污染

页岩气开发对地下水的污染主要指的是在水力压裂过程中所用的化学物质会对水资源造成一定的污染,页岩气向上泄露也会造成水污染。地下水污染主要包括 4 种类型:一是压裂过程中造成的地下水污染,水力压裂过程中会产生裂缝,导致产气层中的甲烷、地层水中的污染物和压裂液向上移至含水层,影响饮用水;二是制备压裂液过程中导致的地下水污染,压裂液有 99.51% 是由水和砂组成的,剩下的 0.49% 是由各种化学添加剂组成的,压裂液的制备、运输和压裂过程都有可能发生泄漏,导致地表水和地下水的污染;三是完井失败引起的地下水污染,在完井过程中,一旦发生水泥灌注或者是套管安全失败,天然气、压裂液、地层水等就有可能进入含水层;四是返排水和产出水造成的地下水污染,污染源主要来自压裂液、地层水、地层岩石的原生组分,一旦发生泄漏或者溢出,就会下渗影响到地下水资源。针对这些情况,首先,需要加强产气层的管理,比如对于新建的页岩气井场,应强制要求与已有的饮用水井保持不低于 1km 的安全区域;还要保持井的完整性,防止完井过程中发生气体或者液体的泄露;研究成果也要及时向管理部门上报,有条件的要向公众公开数据。其次,对于过渡层要展开全面的调查和检测,比如场井周围的废弃井、产油的油气井、水井等都是调查的对象。再次,对饮用水的含水层也要进行监测和污染防治,主要是对水平钻探、水力压裂全过程进行基线监测;对于近地表水地下室的甲烷浓度进行检测,浓度超过 10mg/L,此时若增加气体就有可能发生爆炸,如果浓度超过 28mg/L 就需要立即采取行动。最后,对于返排水和产出水,也要采用适当的方式进行处理,比如美国的油气产出水使用的是地下注入的方式加以处理,也可以建立污水处理厂,采用适当的污水处理技术来防止对地表水和地下水的污染;返排水可先将污水量降至最低,然后进行再利用,进而降低水环境风险。根据美国的环境管理经验,中国政府部门可以不断完善相关的法律法规制度,充分发挥政府部门的监管职能,深入开展相关的研究工作,比如采集页岩气开发相关的数据,建立相关的标准和规范等。

2.页岩气开发对地表水的污染

在页岩气开发的钻井和试气过程中,会产生压裂返排液、各种废水(比如工艺废水和洗井废水等)以及雨水,造成地表水的污染。首先,钻井废水指的是钻井泥浆的高倍稀释物与油类的混合物,具有成分比较复杂、水质比较多变、COD 的浓度较高、可升华性较差等特征,一方面会在水体表面形成油膜,影响水体的溶解氧浓度;另一方面有机烃类具有毒性,会致癌、致畸,还可以经水生生物在人体内残留。其次,压裂返排液的水量比较大,并且含有很多种化学成分,注入压裂液释放以后,会有 10%～70% 的压裂液返回到地面,多数可以用于重新配置压裂液,但是还有部分需要进行处理。目前,对压裂返排液的处理方式主要是回注、处理后排放以及就地处理回收利用。比如涪陵焦石坝片区的压裂返排液就符合全部回收利用条件,该地区压裂液的返排率比较低,处理后重新配置的压裂液可以满足压裂液体系的各项指标,可以优先回收用到平台内或者是其他气井的压裂工序。最后,采气废水指的是在产气的过程中,每当产生 $100\times10^4m^3$ 的燃气就会产生 $(3\sim13)\times10^4L$ 的采气废水,废水中不仅含有化学物质,还包括储集岩中的烃类化合物、重金属等成分,如果处理不当就会造成地表水的严重污染。

3.页岩气开发对水资源的消耗

页岩气开发需要消耗大量的水资源,主要集中在水力压裂阶段,尤其是在压裂液进入目的层以后,会有部分滞留在地层中。根据美国能源信息署统计,美国页岩气田单井耗水量约为 $(0.76\sim1.9)\times10^4m^3$,美国能源部也选取了 4 个地区的页岩气田进行数据统计,包括单井平均耗水量以及水力压裂耗水量所占比(表 3.1)(王丹等,2016)。中国的页岩气资源埋藏比较深,大都在 3000m 以上,页岩气田单井耗水量约为 $(1\sim2.4)\times10^4m^3$,与美国开发页岩气消耗的水资源量相差较大。与常规油气井相比,页岩气开采水力压裂阶段的耗水量增加了 50～100 倍,并且随着页岩气开采规模的扩大,页岩气开采量的增加所消耗的水资源量还将不断攀升,直接影响到页岩气开采地的水环境,影响到开采地动植物的生存、工业用水、农业灌溉用水以及居民的生活用水等。尤其是我国页岩气资源有利区主要分布在重点缺水地区,比如华北平原、辽宁、山西、天山等,页岩气开采很有可能导致这些地区地下水资源的枯竭以及水资源恶化等问题。现阶段,针对水资源的消耗问题,主要是通过研究水力压裂技术的改进方式以及页岩气开发的水驱替换技术的研发来缓解。目前,具有可行性和经济性优势的技术是超

临界 CO_2 技术,利用该技术可以对储层进行压裂改造,进而强化采气、提高页岩气产量和采收率,同时减少水资源的消耗量,还可以将 CO_2 永久封存在储层中。另外,对返排液进行回用以及用含盐水或者废水替代清水配置压裂液等方式都可以有效降低单井耗水量。

表 3.1 美国页岩气田单井平均耗水量以及水力压裂耗水量所占比例

页岩气田	单井平均耗水量	水力压裂的耗水量所占比例
Marcellus 页岩气田	$1.5\times10^4\,m^3$	98%
Fayetteville 页岩气田	$1.2\times10^4\,m^3$	95%
Barnett 页岩气田	$1\times10^4\,m^3$	85%
Haynesville 页岩气田	$1.4\times10^4\,m^3$	73%

二、页岩气开发对土壤环境的影响

页岩气开发中的土壤污染类型有大气污染型、水污染型以及固体废弃物污染型 3 种。大气污染型指的是页岩气开发过程中的大气污染物通过降水或沉降进入土壤,进而对土壤造成污染,有的是在开采过程中排放的,有的是在运输过程中产生的。水污染型指的是页岩气开发过程中产生的各种水污染物质进入土壤中,进而引起土壤污染,主要来源是钻井液和压裂液中的各种添加剂。固体废弃物污染型主要有 3 种来源:一是钻井产生的钻屑发生撒漏;二是固化填埋池的渗滤液;三是作业区域化工原料的储存和配置区域、废弃管道堆存区域的三防措施不到位。

目前,土壤污染的修复技术主要有 4 种。一是物理修复,即通过物理手段将污染物从土壤中分离出来或者去除的一种技术,其中换土/焚烧法的适用范围比较广泛,操作起来也十分简单,修复周期也短,但缺点是成本很高,并且容易破坏土壤的内部结构,造成土壤二次污染;电修复法主要针对重金属污染,这种方法对土壤的含水率要求很高,一般不能低于 10%,并且容易产生有毒副产物;针对有机污染物可以采用热解析法,挥发及半挥发有机物则采用气相抽提法,可以与其他技术同时使用。二是化学修复,是指采用稳定固化技术、药剂淋洗技术、氧化还原技术等把化学改良剂放进土壤中,通过吸附、溶解、氧化还原以及沉淀等方式降低土壤中污染物的迁移性。其中,稳定固化技术使用比较广泛,但是存在环境安全隐患;中度的土壤污染可以采用药剂淋洗技术,效果比较好,但是成本比较高昂,工程量也较大;对于无机污染物可以采用氧化还原技术,处理效果相对较好,但是对土壤结构有一定的影响。三是生物修复,是指依靠生物的生命代谢活动来减少污染物质的浓度,主要包括微生物修复技术和动植物修复技术。微生物修复技术就是利用微生物吸收、沉淀重金属以及分解有机物,这种方式的成本比较低,操作起来也十分简单,最重要的是不会产生二次污染,但是针对性很强,并且受到环境因素的制约;动植物修复技术的成本低廉、对土壤结构不会产生影响,但是修复过程耗费的时间较长,并且能够使用这种技术的动植物种类十分单一,目前还无法满足修复土壤污染的需求。四是联合修复技术，即利用化学和生物联合技术开展土壤修复。总的来说，针对页岩气开发引发的土壤污染修复问题，可以采取以微生物技术修复为主，同时利用动植物修复技术，配合营养液和基质，辅以物理和化学方法，可以有效地修复污染的土壤资源。

三、页岩气开发对大气环境的影响

页岩气开发造成的大气环境污染主要包括甲烷泄漏、VOCs和常规空气污染物3种类型。甲烷泄漏主要在测试放喷和生产过程中产生，尤其是在测试放喷阶段，甲烷的排放量较大，排放也比较集中，完井期间的排放量约为总产量的0.6%~3.2%。随着页岩气产业的发展，甲烷的排放量也会随之增多。VOCs排放的种类比较繁多，页岩气、钻井液以及压裂液的添加剂中都包含有烃类物质。常规空气污染物又包括了柴油机尾气和二次污染，柴油机尾气是在钻机钻井、水力压裂过程中使用柴油机动力设备排放的气体以及大型运输车辆运行排放的气体，比如NO_x、SO_x、CO等。重庆地区部分开发区域的单井钻井和压裂消耗柴油量高达300t，其中SO_2排放量约为1.22t，NO_2排放量约为0.22t，粉尘排放量约为0.78t；二次污染指的是页岩气开发过程中排放的VOCs和NO_x等气体，在特殊的气象条件下容易产生光化学反应，生成二次污染物，比如臭氧、醛、酮、酸、过氧乙酰硝酸酯等，危害程度远远高于一次污染物。

针对页岩气开发导致的大气污染，美国主要是通过制定环境管理制度和研发污染控制技术来加以防治。在环境管理制度方面，美国首先制定了很多相关的管理标准，比如《联邦法典》《清洁空气法》《石油和天然气部门：新排放源国家实施标准及有害大气污染物国家排放标准》《新污染源行为标准》中都涉及了对空气污染物的管理标准；其次制定了很多的管理制度，比如空气许可证制度、大气污染物排放清单、甲烷排放报告制度等；最后形成了甲烷减排的最佳管理实践。从污染控制技术来看，对于甲烷和VOCs的控制主要有火炬燃烧技术、绿色完井技术、捕集技术、监测和维修技术以及脱水改造技术；对于柴油尾气的控制，主要是采用清洁能源技术以及柴油尾气污染防治技术，比如网电技术、尾气后处理技术等。目前，我国针对柴油机尾气排放所采取的措施主要是优先网电、优质柴油以及先进的燃烧技术设计等；对于测试放喷阶段甲烷和VOCs排放所采取的措施是通过地面放喷坑燃烧。

第四章　国外页岩气开发的环境法律政策

近年来,随着国际石油价格的下跌,世界各国的能源供应安全问题也被逐渐淡化,但是各国对于页岩气资源的开发利用还是十分积极的。美国在页岩气开采的技术方面和资金投入方面都有着很大的优势,页岩气也发展成为美国一个重要的能源供应来源。随着页岩气产业的迅速发展,各种环境问题也日益暴露出来,为此,各国也采取了不同的环境政策。美国调整页岩气开发的环境政策,增加了两个方面的内容,一是对页岩气的环境监管,二是对页岩气的信息披露。加拿大加强了页岩气环境监管。欧盟依然是将页岩气作为备选能源,重点关注开采技术和环境可行性问题,不过近年来对开发页岩气的态度已经有所松动,例如,成员国中波兰对页岩气的开发持积极态度,德国也从禁止开发变成有条件放开开采,法国仍然坚持禁止开发。

一、美国页岩气开发的环境法律政策

美国在页岩气开发初期,环境监管方面的措施主要适用于与常规油气资源开发相关的环境监管体系,但是页岩气开发所采用的水力压裂技术会对生态环境造成很大的影响,导致页岩气开发的经济利益与环境保护之间产生了很大的冲突。近年来,各州及地方层面也相继出台了一些环境监管方面的政策。页岩气开发的环境监管涉及政府、页岩气开发企业和居民3个主体,政府不仅要追求经济利益,还要实现社会福利的最大化,促进经济发展与环境保护的平衡发展;页岩气开发企业主要追求经济利益的最大化;开采地居民则追求居住环境的优化。如果3个主体都各自追求自身利益的最大化,就容易产生政府监管不力、企业社会责任缺失等问题。因此,需要建立有效的奖惩机制来降低环境监管和治理的成本,促进能源、环境与经济三者之间协调发展。根据美国的环境监管经验,我国可以谨慎地推进页岩气资源的开发,重视页岩气开发的环境评估,鼓励页岩气开发的技术创新,并建立起有效的环境监管机制。

1.美国页岩气开发相关环境法规

美国与页岩气开发相关的环境法规主要体现在环境法规体系、针对水力压裂操作的《联邦压裂规定》以及美国部分州立法进展3个方面。

1)环境法规体系

环境法规体系可以分为联邦法律和地方州级法律法规。联邦法律主要对页岩气开发环境影响进行总体规定，适用于美国全境，而地方州级法律则主要是各州在联邦法律基础上添加的条款，当两者之间发生冲突时，以联邦法律优先。针对页岩气开发的环境影响，美国联邦法律根据环境要素分类制定了相关法案，比如针对水资源的《清洁水法案》和《安全饮用水法案》；针对空气的《清洁空气法》；针对土地与生态的《紧急计划及社区知情权法案》《濒危物种法案》《候鸟协定法案》以及《综合环境责任、赔偿和债务法案》；针对安全的《职业安全与健康法案》等。以上法案中针对页岩气的开发都提出了具体的条款，详细条款如下。

《清洁水法案》(1977年出台，是对《1972年联邦水污染控制法案》的修正案)中有关页岩气开发的条款要求有5个：一是国家污染物排泄清除系统限定了可排放至地表水的污染物类型/数量；二是美国环境保护署针对石油与天然气开发制定了流出物限定准则/标准；三是对于陆上类型，零地表水排放(可行性替代方案：地下注水、污水处理设施)；四是要求用管理方案去控制污水排放，但石油与天然气行业大部分均不受该要求的限制；五是泄溢预防、控制与对策规定，凡靠近通航水域的所有井场均受该规定限制。

《安全饮用水法案》(1974年通过)中有关页岩气开发的条款要求有4个：一是美国环境保护署要求在地下灌注有害物质必须获得地下灌注控制许可；二是适用于强化生产井和处理井；三是油气运营商必须证明套管与固井充足，通过最初的完整性测试，并且每5年需要进行1次测试，确定在一定距离内的其他气井，遵守监控要求；四是美国环境保护署可发布即可与实质性危害法令，EPA有权调查和命令厂商立即采取措施，厂商可以到法院反驳EPA命令。有关页岩气开发相关的新增条款如下：2005年《能源政策法案》对SDWA进行了修订，压裂操作不需要许可，除非压裂液中使用了柴油，2009年提出了《水力压裂责任和化学药品知情法案》，但是并未通过。

《清洁空气法》(1970年颁布)中有关页岩气开发的部分条款要求有5个：一是要求绿色完井来捕捉空气排放；二是使用特殊设备从回流中分离气体与液态烃；三是绿色完井减少VOCs、有毒气体和甲烷的排放；四是要求气动调节器满足具体标准，储存容器以减少VOCs排放；五是要求石油与天然气企业每年报告温室气体的排放量。有关页岩气开发相关的新增条款也有3条：一是2012年4月17日，EPA发布新规定减少石油与天然气行业有害气体的排放，并于2015年全面实施；二是首批针对压裂天然气井的联邦空气标准；三是新规定是对环保组织法律诉讼的响应，因EPA未能及时更新关于油气行业挥发性有机化合物、二氧化硫和有毒空气的标准。

《濒危物种法案》(1973年通过)和《候鸟协定法案》(1918年通过)中也有关于页岩气开发的部分条款要求，禁止伤害濒危或者受到威胁的动植物，具体规定如下：显著的栖息地改变将被视为伤害；持有野生动物管理局的许可，允许意外捕获，该许可要求栖息地保护方案；根据《候鸟协定法案》规定，运营商应负责对候鸟造成的任何伤害。

《职业安全与健康法案》(1970年颁布，2004年修订)中也有关于页岩气开发的部分条款要求，来保护员工，避免暴露在有毒化学品、过度噪声以及有碍健康的环境中，具体规定如下：职业安全与健康管理署在所有的50各州执行此法案；制定了减少石油与天然气行业安全与健康危害的具体标准；在井场保存超过一定数量的危险化学品时，运营商必须在当地政府保存化学材料安全数据表。

当然,也有一些法律法规给予了页岩气开发豁免权,比如开发过程产生的废弃物可以不视为危险废弃物;没有污染的生产用水排放不需许可;在不适用柴油的情况下,水力压裂操作需按照《安全饮用水法案》的规定等。同时,立法机构还成立了 Shale Gas Subcommittee of the Secretary of Energy Advisory Board,针对页岩气开发中公众关心的问题提出立法建议。

2) 针对水力压裂操作的《联邦压裂规定》

针对水力压裂操作的《联邦压裂规定》增加了3个方面的内容:一是BLM(美国内政部下属的土地管理局)承担制定规则的责任,通过制定相关规则来保证页岩气开发过程中气井的完整性、保护水资源和公开披露准确的信息;二是要求美国石油协会就采用水力压裂的气井建设和完整性提供指导,并提出行业操作规范;三是BLM通过监管影响分析方法(RIA)对《联邦压裂规定》的成本和效益进行分析。该规定的使用范围是公众土地以及在印第安人土地上开展的石油和天然气作业,新设定了11个方面的要求,只要在联邦土地和印第安人土地上进行水力压裂作业,都必须满足这11个要求。①向BLM提交钻探许可申请(APD),并提供详细的作业信息;②作业者必须通过钻探许可申请或意向通知任一种方式向BLM提交单个井或多个井的水力压裂计划;③根据最佳规范制订符合性能标准的套管、固井设计和实施方案,以保护并隔离可用水;④在气井建设过程中,通过同井评价日志(CEL)监测固井作业;⑤如果有现象表明同井不当必须采取补救措施,并向BLM证明这些补救措施是成功的;⑥在进行水力压裂操作前要开展成功机械完整性测试(MIT);⑦监测水力压裂作业过程中的环空压力;⑧以坚固、封闭、覆盖或网状和可检查的地上储存罐的形式来存放"回收液",此储存罐容量不能超过500桶;⑨水力压裂后,向BLM和公众披露使用的化学品,推荐通过FracFocus网站进行披露,商业秘密的化学品除外;⑩就以上作业向BLM提供所有文件;⑪BLM可能会借助批准条件(COA)的方式要求基准水资源测试和其他最佳管理规范(BMP)。

3) 美国部分州立法进展

从美国部分州立法进展来看,各州政府在联邦法案的基础上,根据当地的具体情况增加了一些比较适用的环保条款,对页岩气开发的过程进行监督管理。首先是水力压裂方面,科罗拉多州规定在钻井之前收集水与空气的基础数据;蒙大拿州、怀俄明州、得克萨斯州、科罗拉多州、宾夕法尼亚州以及阿肯色州都要求公开披露水力压裂液的化学成分;相关企业和行业组织也正在研究水力压裂液所含有毒化学物质的替代品。其次是废水处理与处置方面,宾夕法尼亚州的马塞勒斯区块的企业对水力压裂废水进行循环回收;得克萨斯州在鹰潭区块作业需要循环利用水力压裂废水;新墨西哥州要去对处置净进行监控;科罗拉多州规定涉及1英亩(1英亩=4 068.86m^2)以上的土地施工活动要具备雨水排放许可证;蒙大拿州规定油气生产所有阶段都要有雨水排放许可证。再次是空气污染与气候变化方面,美国环保署规定,从2012年起天然气行业需要上报每年的甲烷排放情况;关于甲烷减排技术,得克萨斯州的巴奈特区块、科罗拉多州和怀俄明州都要求使用绿色完井技术,美国环保署也将甲烷纳入污染源监测中,提倡应用甲烷减排技术;关于确立空气污染物排放标准方面,美国环保署于2011年7月发布了针对油气行业新污染源的行为标准,科罗拉多州也要求对完井过程中的甲烷排放以及废水存储设备的挥发性有机化合物进行监管。各个大学以及美国环保署也正在研究页岩气生产全生命周期温室气体的排放。最后是建立问责制方面,北达科他州以及宾夕法尼亚州都要求企业必须更换或者恢复水源供应,如果水供应被破坏,就需要进行问责并补偿当地社区;宾夕法尼亚州要求开采企业缴纳费用聘请巡视员和监管人员。

2. 美国页岩气开发环境监管体系与措施

美国页岩气环境监管体系是多级协调格局,监管机构分为5个层级:一是联邦,监管机构包括能源部、联邦能源监管委员会、美国能源信息署、美国内政部等,主要职责是制定页岩气开发环境监管的相关法律;二是区域性机构,监管机构包括特拉华流域委员会等,主要职责是跨州的水资源利用与保护;三是州,监管机构包括州环保机构、自然资源机构、公用事业委员会等,监管权由州政府实施,主要职责是联邦政府环境规章制度的贯彻执行,同时执行州的环境规定;四是开采地方政府,监管机构是地方政府,主要职责是针对页岩气生产过程的各个环节提出具体的监管政策;五是非政府组织,监管机构是环保和公共组织、行业组织等,主要职责是针对公众热点问题进行独立研究,并向政府提供政策建议。

近年来,随着页岩气产业的快速发展,美国对页岩气开发的环境监管也越来越严格。联邦政府修改了部分页岩气开发法律,实施更为严格的环境和生产监管。目前,美国实行的是对页岩气开发全过程的监管,推广自行申报制度。美国未来资源研究所(RFF)总结了监管中涉及的24个要素,各环节均有详细的监管措施。在井场开发与钻井准备活动中,涉及的监管要素有4个:钻井前水井测试、抽水、远离建筑限制以及远离水源限制;在钻井与生产活动中,涉及的监管要素有8个:水泥类型、下套管与固井深度、地面套管水泥环流、中间套管水泥环流、生产套管水泥环流、排气、燃烧和压裂液公布。在回流/废水存放于处理活动中,涉及的监管要素有5个:流体存放选择、出水高度要求、机坑里衬要求、回流/废水运输跟踪、用于处理回流和生成水的地下注水井。在气井堵塞与弃用活动中,涉及的监管要素有2个:气井限制时间和临时弃用。在气井调查与强制执行活动中,涉及的监管要素有3个:事故报告要求、监管机构数量以及每位调查人员负责的气井数量。其他的一些开发活动中还有2个监管要素:州和地方暂停开采以及开采税。

3. 美国页岩气环境友好开发指南

为了帮助页岩气开发企业解决环境问题,美国政府提出了一系列的开发指南。一是基准测试,在进行页岩气开发活动之前,要建立起当地主要环境指标的基准,并且在页岩气开发过程中持续监测。二是优化开发方案设计,包括对开采地进行全面的地质勘查、优选钻井和水力压裂地点,评估深部断层以及其他地质特征引发地震的风险或者是使流体穿过不同地层的风险等内容。三是气井隔离与泄漏管理,需要严格落实气井设计、施工、加固和完整性测试准则,并根据开采地的地质特征和含水层位置,设定气井的深度限制,并限制水力压裂最小操作深度。四是循环用水与废水、废弃物处理,要减少淡水资源的用量,设定水力压裂最大用水量限制,促进压裂操作回流水循环使用,同时制定严格的监管制度,并鼓励无害化压裂液添加剂的研发。五是甲烷捕集与减排技术,主要涉及4种技术。①绿色完井技术,可以有效回收返排气体,减少甲烷和雾状挥发性有机化合物的排放,一般操作过程如图4.1所示,在保护环境的同时,天然气的回收也可以产生很大的经济效益。据估计,未来30年内,中国采用水力压裂技术的井数将超过18万口,采用绿色完井技术,预计可减排并回收天然气超过440×10^8

m^3,减少形成雾气的挥发性有机化合物超过 $370×10^4 t$。②柱塞举升气井排液技术,利用井内气体压力恢复将积液举升至井外,显著降低与放空作业相关的甲烷排放量,系统组成如图 4.2 所示。据统计,利用柱塞举升系统平均每年每口气井可节约 $1.7×10^4 m^3$ 天然气。③离心式压缩机干式密封技术。通过管道输送天然气需要进行压缩,离心式压缩机是主要压缩机类型之一,对于由离心式压缩机湿密封油脱气导致的排放,可采用机械干式密封技术。④基于闪蒸分离器的天然气脱水系统优化技术。气井产生的天然气可能含有水分,需要采用脱水设备将水分从天然气气流中除去,才能达到存储和管道外输质量标准。基于闪蒸分离器的天然气脱水系统优化技术可以有效地减少甲烷的排放量,具体流程如图 4.3 所示。相关数据显示,安装闪蒸分离器每年可以回收 $(3.5\sim30.5)×10^4 m^3$ 天然气。

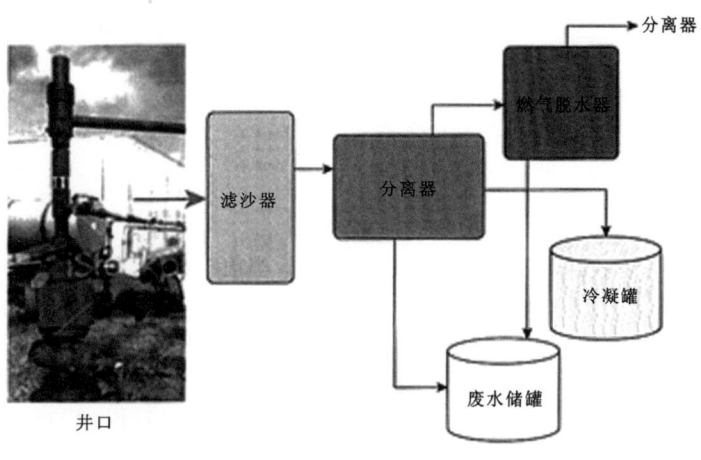

图 4.1 绿色完井技术

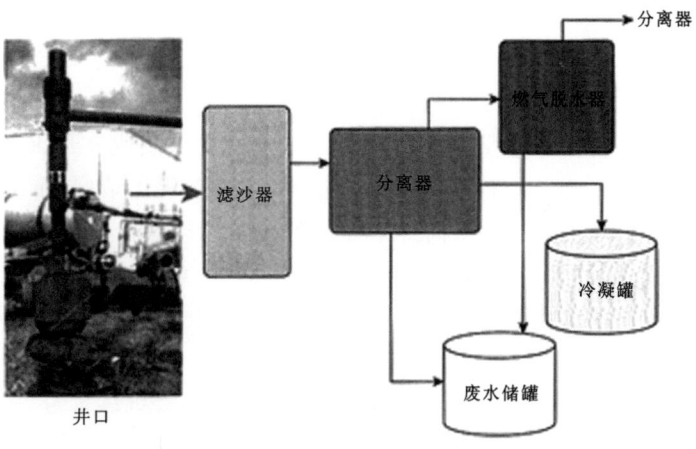

图 4.2 柱塞举升系统

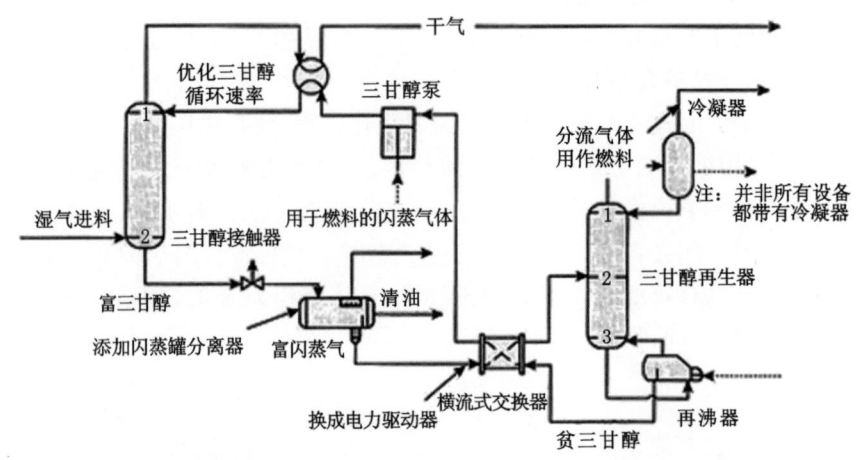

图 4.3　基于闪蒸分离器的天然气脱水系统流程

二、加拿大页岩气开发的环境法律政策

从加拿大页岩气开发的环境法规来看,政府要求页岩气开发企业必须向政府部门提供全面的开发信息,并于 2011 年发布了《页岩气开发水力压裂技术指导条例》,具体内容如下:通过合理的钻井施工管理,对地表和地下水资源的质量和数量进行保护;对施工用水进行循环回收利用,尽量使用清水的替代物;测量和公布水资源利用情况,减少对环境的影响;支持环保型压裂液添加剂的开发,向公众公布压裂液添加剂的成分等。针对页岩气资源的开发和利用,加拿大政府除维持原有的能源开发激励政策之外,并没有再出台新的产业政策。页岩气开发会引发各种环境问题,导致加拿大各省对页岩气开发持谨慎态度。比如 2011 年魁北克省暂停大部分新的天然气开发项目,不列颠哥伦比亚省对新勘探的页岩气区块也采取审慎态度。

从加拿大页岩气开发环境监管措施来看,政府主要是要求企业公开压裂液成分和实施压裂液风险控制。2011 年 6 月 22 日两家协会向加拿大环境部提出请愿,希望能够从法律上强制规定企业公开在页岩气水平钻井中向地下注入的化学物质及在油砂原地开采提炼过程中所使用的化学物质成分,对此环境部门也表示将建议列入考虑之中。各省政府也在积极努力地推动使压裂液信息披露成为强制性要求,增加页岩气开发过程的信息透明度,同时也增强公众认知能力等。加拿大石油生产商协会(CAPP)制定了关于压裂液风险评估和管理的指导原则:在能控制环境风险的前提下支持压裂液添加剂的发展,将继续推进、协作和沟通水力压裂技术及最佳实践,以减少对环境的潜在威胁,公司要公开其为每口页岩气井压裂液添加剂所制订的风险管理计划过程。

三、欧盟主要成员页岩气开发的环境法律政策

从欧盟页岩气监管进展来看,2015年,欧盟将页岩气纳入到2月25日发布的《能源联盟框架》战略,部分成员国也积极开展各自的立法框架制订工作,促进国内能源资源的勘探开发投资;2015年2月27日,欧盟委员会公布了页岩气公告,列出欧盟28个成员国对委员会发布的《利用大量水力压裂进行油气(如页岩气)勘探和生产的最低准则建议》做出的回应,其中英国、丹麦、荷兰、波兰和罗马尼亚已经或者正在准备许可压裂活动。欧盟要求所有的操作必须遵守反映行业良好规范的指导原则,实现气候和环境保护以及资源有效利用与公众知情。目前,一些欧盟法律是必须在成员国内得到适用的,比如《油气法令》《水框架法令》《REACH条例》《栖息地法令和鸟类法令》《矿业废弃物法令》以及《地下水法令》,其中《油气法令》是适用于页岩气开采的主要立法,第6条第2款要求各成员国在制定颁发开采自然资源的许可或授权的条件和要求时应考虑环境。欧盟的许多环境立法是在压裂技术大规模应用之前制定的,因此,页岩气开发过程中的许多环境问题并不能得到有效的解决,还需要欧盟采取进一步的行动。

2014年1月22日,欧盟委员会通过了《利用大量水力压裂进行油气(如页岩气)勘探和生产的最低准则建议》(简称《建议》),该《建议》对成员国提出了以下几个方面的要求:在开发前进行规划并在授予许可前评估可能的累积影响;认真评估环境影响和风险;确保按照最佳规范标准开展完整性测试;在作业开始前,要对当地水、空气和土壤的质量进行检测,以监测变化情况,并处理新出现的风险;通过气体捕捉控制空气排放,包括温室气体;将每口井所使用的化学品向公众公开;确保作业者在项目整个过程中均应用最佳规范,并且从2014年12月开始,成员国每年都需要向欧盟委员会告知他们已经采纳的措施。

关于各成员国对页岩气开发的环境监管政策,这里主要谈波兰、英国和德国。波兰页岩气的勘探和开采都需要获得许可,投资者需要与国家财政部签署协议,确立矿藏的使用权。波兰政府一直在努力创造有利于页岩气行业发展的环境,也在努力完善相关的法律框架设计,比如2014年完成对《地质和矿业法》及税收框架的改革。波兰政府还在与英国合作编制页岩气政府报告,为欧洲页岩气资源商业化开采的相关问题提供确定性的指导,并深入分析页岩气资源的开发利用会给经济、能源安全和气候变化带来的好处。英国2012年12月成立了非常规油气办公室,负责推进和监管英国非常规能源的发展;2015年4月1日,新组建的能源和气候变化部(DECC)执行机构油气局(OGA)接手了英国DECC的部分职能,并与监管机构进行密切的合作,促进与新能源勘探开发活动的安全可持续开展。在英国,页岩气开采企业需要通过公开招标程序获得区块权利,提供环境影响评价,获得环境许可,并且还要获得土地所有人的同意和规划许可。环保署的监管主要包括4个方面的内容:一是保护水资源,并评估和批准作为水力压裂液组成部分的化学品的使用;二是适当处理在钻探和压裂过程中产生的废弃物;三是适当处置和管理任何天然存在的放射性材料(NORM);四是通过燃烧处理废气。页岩气开采企业必须在开始钻探活动前至少21天,将气井的设计及作业计划通知健康和安全执行局。2013年,DECC公布了页岩气的监管路线图;2015年,英国地质调查局

(BCS)发布了英国第一份独立压裂监测研究。德国2013年2月起草法律对页岩气勘探条件、限制钻探的区域等内容作出了规定,同年11月宣布暂停压裂;2015年4月1日,德国宣布了《修改水和自然保护监管法规以防止和减少压裂技术风险的法案》,适用于压裂深度3000m以上的项目,允许在常规天然气行业继续使用压裂技术,同时也将收紧非常规天然气作业中使用的水资源和液体。

四、IEA 非常规天然气开发的黄金规则

国际能源署(IEA)认为未来全世界各国将进入天然气黄金时代,但是在接下来的几十年里,天然气的开发会因为某些因素的限制,而影响发展的步伐,其中最关键的因素就是非常规天然气的开发在很多地区还没有获得认可。IEA于2012年5月底发布了《天然气黄金时代的黄金规则》特别报告,报告中提出了黄金规则的概念,针对非常规天然气开发过程中产生的各种问题,提出了相应的解决办法,比如完善水资源管理,开发措施完全公开透明,对环境进行监测等。非常规天然气的开发前景是十分光明的,但面临的障碍也有很多,比如全球非常规天然气的储量巨大,并且地理分布十分广阔。据IEA统计,全球非常规天然气和常规天然气剩余技术可采量多达$420\times10^{12}\,m^3$,其中页岩气资源的剩余技术可采量约为$208\times10^{12}\,m^3$,但是非常规天然气分布不够集中,开采作业的规模比较大,需要更多的钻井作业,作业方式主要是采用水力压裂技术,可能会给开采地的环境带来很大影响。

IEA提出的黄金规则能够解决非常规天然气开发所引起的环境问题,具体内容如下。

1)监测、公开和参与

首先,开采企业要公开开发过程中存在的各种环境风险、安全风险以及健康风险,并给出企业的解决方案,与开采地社区、居民以及其他利益相关者进行接洽,让他们充分了解企业的开采规划,倾听他们对开采活动的担忧,并给出恰当的回应,同时政府机构也要辅助企业提供可行性和具有科学依据的信息,帮助企业获得公众的信任;其次,监管机构需要在钻井活动开始之前掌握地下水质信息,建立基线比较地下水的水位和质量变化,并向公众公开所搜集的数据,当然也要给予利益相关者解决问题的机会,在开采活动的各个阶段要进行持续的检测;再次,为了获得公众的信任,开采企业还需要公开相关操作数据,比如用水量、废水量、废水指标、甲烷排放量等,并且压裂液添加剂的成分和用量最好也进行公开;最后,对于开采企业来讲,开采过程中最基本的保证就是遵守法律,除此之外,还需要尽量减少对当地环境的破坏,同时让开采地居民享有一定的经济效益,比如政府和开采企业承诺发展开采地的基础设施和服务、政府的部分财政收入可以用来发展当地的经济等。

2)密切关注开采地的情况

首先,确定井位需要综合考虑多方面的因素,减少对开采地居民生活环境的影响,包括地下地质情况,居民区的生活环境、自然环境和生态环境、开采地的基础设施和交通情况、水资源可使用量、污水处理方案等;其次,要设计出比较周密的开采方案,方案的设计需要考虑到钻井的位置、水力压裂的位置、评估深部断层或者其他地质特征引发地震的可能性,以及使流体穿过地质地层的风险等,只有对开采地进行全面的勘察,才能更好地提高气井的生产力和

采收率,减少钻井的数量,降低水力压裂对环境的影响;最后,还需要加强监测工作,保证水力压裂不会延展到产气层外。

3)隔离气井防止泄漏

首先,制定整体性能标准,严格落实气井设计、施工、加固和完整性测试准则,含气层必须完全与气井贯穿的其他地层隔离,尤其是要与淡水层隔离;其次,参考开采地的地质情况以及淡水所在的位置,制定合适的水力压裂最小深度限制;最后,针对地表泄漏和气井泄漏问题,要采取有效的措施来防止和遏制,保证妥善处理所有的液体和固体废弃物。

4)要以负责任的态度和方式来对水资源进行处理

首先,鼓励开发企业有效利用水资源,提高开采作业的效率,同时设定水力压裂的最大用水量,并鼓励水资源的循环利用;其次,要制定严格一致的规章制度,指导采出水和废水的安全存储与处理;最后,尽量减少化学添加剂的使用,加快不损害地下水水质的压裂液的研发。

5)禁止直接向大气中排气,减少燃烧和其他污染物的排放

首先,在开采活动期间要设法减少温室气体的泄漏和排放,在完井期间要设定天然气零排放和最小燃烧的目标,尽量将此期间产生的天然气进行回收出售;其次根据现有的环境和燃油效率标准来控制污染,减少来自车辆、钻机、泵和压缩机的空气污染。

6)要有大局观

首先,尽量在降低环境的影响下,实现开采规模与开采地基础设施的协调发展;其次,重视开采活动和运输过程中对环境产生的累积效应和区域效应,尤其是用水、用地、污水处理、空气污染、噪声污染等方面的影响,监管部门需要及时做好评估工作。

7)确保持续高水平的环境绩效

首先,配备充足的监管人员,建立完善的监管体系,及时向社会公开开采信息;其次,政策的制定需要平衡指令性调控与以绩效为基础的调控二者之间的平衡,才能保证高水平操作标准的制定;最后,要不断改进规章制度和生产实践,积极开展独立的环境绩效评估和检验。

IEA在特别报告中还比较了黄金规则情境与低非常规情境下对非常规天然气的发展进行了预测。在黄金规则情境下,至2035年,预计天然气的需求增长将超过50%,非常规天然气产量增长将占天然气总产量增长的2/3左右,非常规天然气将逐渐改变全球天然气供应格局,全球非常规天然气的生产投资将占天然气上游总投资的40%左右,不过仍然无法控制全球温度的上升。在低非常规情境下,天然气需求的增长比较缓慢,至2035年,天然气在全球能源结构中的比重与现在相比变化不大,非常规天然气的开发会受到严重的阻碍,天然气产业的发展也会停滞不前,北美国家仍然需要进口大量的天然气来满足国内的能源需求。与此同时,常规天然气资源大国在全球的能源地位将得到加强,全球非常规天然气开发投资金额也将急剧减少,煤炭的消费量也会显著增加,由此导致CO_2排放量的增加,并且会高于黄金规则情境的CO_2排放量。

第五章 我国页岩气开发的环境法律政策

2009年,四川省威远县"威201井"的顺利开采,标志着我国页岩气产业的正式兴起。我国的页岩气资源技术可采储量位居世界第一,虽然起步时间比较晚,但是由于国家和政府扶持政策的支持,我国的页岩气产业发展也十分迅速,目前已经是世界上第三个实现页岩气商业化开采的国家。页岩气的开采过程会给环境造成一定的危害,比如水资源的污染与耗费、破坏大气环境、引发地震或者其他地质灾害等。因此,页岩气开发时进行环境监管就显得十分重要,这不仅能够促进页岩气开发的健康有序进行,也能够促进我国页岩气产业的可持续发展。一方面,对页岩气的开发进行环境监管可以为我国的生态文明建设提供保障,促进人与自然的和谐发展;另一方面,作为一种低碳能源,页岩气的开发利用符合我国的低碳环保战略。

一、我国页岩气开发环境法律政策的现状

目前,我国页岩气开发的环境政策主要包括页岩气开发环境保护法律制度、页岩气开发环境风险预防法律制度以及页岩气开发环境风险监管法律制度3个方面的内容,下面将分别从这3个方面展开,深入分析我国页岩气开发环境政策的现状。

1.我国页岩气开发环境保护法律制度现状

目前,我国主要是参考油气开发行业的环境监管法律法规来开展相关的监管工作,并没有制定专门性的页岩气开发环境监管的法律法规,各种相关的法律、法规、条例和标准共同构成了页岩气开发的环境监管法律体系,为页岩气开发的环境监管工作提供了法律依据。

页岩气开发环境监管相关的法律规范包括5个效力级别:一是法律,包括《中华人民共和国环境保护法》《中华人民共和国大气污染防治法》《中华人民共和国水污染防治法》《中华人民共和国清洁生产促进法》《中华人民共和国固体废弃物污染环境防治法》《中华人民共和国环境噪声污染防治法》《中华人民共和国环境影响评价法》等;二是行政法规,包括《中华人民共和国环境保护税法实施条例》和《中华人民共和国水污染防治法实施细则》(2018年4月4日废止);三是地方性法规,包括《甘肃省石油勘探开发生态环境保护条例》《黑龙江省石油天然气勘探开发环境保护条例》《辽宁省石油勘探开发环境保护管理条例》《新疆维吾尔自治区煤炭石油天然气开发环境保护条例》等;四是部门规章,包括《温室气体自愿减排交易管理暂

行办法》《石油天然气开采行业清洁生产评价指标体系》《重点企业清洁生产审核程序的规定》等；五是国际公约，包括《生物多样性公约》《联合国气候变化框架公约》《京都议定书》《保护臭氧层维也纳公约》《控制危险废弃物越境转移及处理巴塞尔公约》等。水资源监管的相关规范性文件主要包括全国人大常委会颁布的《中华人民共和国水污染防治法》(2017年修订)和《中华人民共和国水法》(2016年修订)，国务院颁布的《水污染防治行动计划》、发展改革部门颁布的《石油天然气开采行业清洁生产评价指标体系》、生态环境部门颁发的《污染减排政策落实情况绩效管理试点工作实施方案》、甘肃省人大常委会颁布的《甘肃省石油勘探开发生态环境保护条例》、吉林省人大常委会颁布的《吉林省松花江流域污染防治条例》以及《污水综合排放标准》(GB 8978—1996)等。与大气环境监管相关的规范性文件主要包括全国人大常委会颁布的《中华人民共和国大气污染防治法》(2015年修订)、发展改革部门颁布的《石油天然气开采行业清洁生产评价指标体系》以及甘肃省人大常委会颁布的《甘肃省石油勘探开发生态环境保护条例》等。

2.我国页岩气开发环境风险预防法律制度现状

目前，我国页岩气开发环境风险预防法律制度主要包括2个方面的内容：环境影响评价制度和信息披露制度。

从环境影响评价制度来看，《中华人民共和国环境影响评价法》确立了我国环境影响评价制度，新修订的《中华人民共和国环境影响评价法》针对企业缺少环境影响审批规定了更为严重的处罚，对"未批先建"问题的罚款增加至页岩气项目总投资额的1‰~5‰，也就是说，如果页岩气开发企业违反了法律规定，就有可能遭受上百万的罚款处罚；新修订的《中华人民共和国环境影响评价法》还更为重视生态环境的保护，通过经济惩罚手段来敦促页岩气开发企业更好地保护环境和预防污染。《中华人民共和国环境影响评价法》具有很强的原则性，其中的细则都是由政府和行业规范制定的，包含选取环境指数、环境因子以及环境指标参数等方面的内容，评价指标体系也分为2个：一个是自然生态环境影响评价体系，包括地表水、地下水、土壤、大气、地质、噪声等方面的环境影响评价指标；另一个是宏观环境影响评价指标体系，包括社会环境、政策法律环境以及经济环境等方面的环境影响评价指标。另外，《页岩气产业政策》中也有环境影响评价的相应规定，主要是对页岩气勘探、开发过程中所采用的战略环境评价或者规划环境评价进行相关的规定。战略环境评价主要是从宏观方面对政策、文件以及项目进行环境评价评估，规划环境评价则是对具体的规划细节进行环境可承受能力的评估。

从环境信息披露制度来看，其本质在于保障公民的知情权，让公民主动参与监督预防环境风险，主体包括政府、企业和单位团体，也就是企业需要主动积极地发布信息，如果企业拒绝发布信息，政府可以根据《中华人民共和国政府信息公开条例》的相关规定，强制要求企业发布。环境信息的披露方式主要有主动披露、协商披露和强制披露。主动披露有利于搭建完善的协商和沟通平台，提高企业的声誉，但是同时也会带来行业之间的激烈竞争，减损企业的部分资源；协商披露和强制披露则会削弱企业的信息优势。在页岩气开发过程中，水力压裂技术使用的压裂液包含了多种有毒化学成分，对环境和人体健康会产生不利影响，开采过程中还会排放各种污染物质，页岩气开发企业需要对这些进行信息公开，但是压裂液的成分和配比涉及到商业秘密，导致公共利益与商业秘密发生冲突。基于此，信息披露制度制订了相关的原则：一个是利益平衡原则，企业需要公开不涉及核心技术的化学药剂名称，配比则有权不予公布；另一个是比例原则，在企业环境信息披露过程中，政府既是辅助者，也是监督者。环境信息披露制度在立法上主要包括4个层面：一是法律层面，比如《中华人民共和国环境保护法》(1989年通过，2014年修订)和《中华人民共和国清洁生产促进法》(2002年通过，2012年修订)；二是规章层面，比如《上市公司信息披露管理办法》(2021年)、《环境信息公开办法(试行)》(2007年通过，2019年废止)以及《企业信息公示暂行条例》(2014年通过)；三是法律条文层面，比如《企业事业单位环境信息公开办法》(2014年公布，2015年施行)和《中国石化集团公司环境保护工作条例》(2013年)；四是地方性的法规，比如陕西省与黑龙江省的《石油天然气开发的环境保护条例》。

3.我国页岩气开发环境风险监管法律制度现状

页岩气开发环境风险监管是环境保护的必要保障，也是我国发展低碳战略的重要支撑。与传统油气开发不同，我国页岩气开发所采用的技术主要是水平钻井技术和水力压裂技术，所产生的环境危害也有较大的差异，因此环境监管的模式也有所区别。

首先，虽然目前我国页岩气开发的环境风险监管还缺乏专门性的法律法规，但是已经有了一定的法律标准，可以作为环境监管主体判断的基础性依据，判断企业的开采行为是否会造成环境污染以及污染的程度也是环境监管主体执行处罚的根本性标准，决定处罚的种类以及处罚的力度。我国页岩气开发的环境监管法律体系主要包括5个效力级别：第一个效力级别是法律，比如《中华人民共和国大气污染防治法》《中华人民共和国水污染防治法》《中华人民共和国固体废弃物污染环境防治法》《中华人民共和国环境影响评价法》等；第二个效力级别是行政法规，比如《中华人民共和国环境保护税法实施条例》《中华人民共和国水污染防治法实施细则》等；第三个效力级别是地方性法规，比如《辽宁省石油勘探开发环境保护管理条例》《新疆维吾尔自治区煤炭石油天然气开发环境保护条例》等；第四个效力级别是部门规章，比如《温室气体自愿减排交易管理暂行办法》《重点企业清洁生产审核程序的规定》等；第五个效力级别是国际公约，比如《京都议定书》《保护臭氧层维也纳公约》等。这些相关的法律、法规、条例和标准共同构成了页岩气开发环境风险监管的法律框架，为页岩气开发的环境风险监管工作提供法律依据。

其次，我国页岩气开发的环境风险监管主要体现为企业自律，中石油、中石化和中海油垄断了我国的油气行业，环境监管主要靠企业自律，这三大企业采用的是HSE管理模式，健康、安全和环境并重，同时制定了油气开采需要坚持的一些标准，比如钻井管理、炼油标准以及施工标准作业等方面的技术性规定，能够有效地防止油气开发引发的环境危害，也在一定程度上制约着页岩气的开发。

最后，页岩气开发的环境风险监管是由多个部门共同管理的，从宏观方面来看，由生态环境部和自然资源部共同监管，包括统筹制订环境保护方案，保障生态环境安全；从具体工作来看，不同的部门在不同的领域都有制定相关机制，形成了"生态环境部-水利部-自然资源部"等多部协同进行的环境监管机制。生态环境部门实行的是垂直管理模式，也就是说下级生态环境部门仅受上一级生态环境部门的直接领导，而不受中央环保机构的直接管辖。

二、我国页岩气开发环境法律政策存在的问题

目前,我国页岩气开发环境政策还存在各种各样的问题,影响我国页岩气产业的健康发展,也不利于我国发展低碳环保的战略路线。比如,页岩气开发的环境保护法律法规制度以及标准都不够完备,环境保护制度的安排也不够全面,环境影响评价制度针对性不强,排污许可制度难以适用,开发企业信息不公开透明,缺乏环境污染补偿制度,环境保护监督执法力度较弱等;环境影响评价监督的主体和评估的主体都不够明确,评估的时间也不确定,评估的标准和方法不明确,承担责任的方式也没有细化,披露的环境信息比较片面,披露信息的方式和内容不统一,信息的发布比较滞后,信息的真实性有待考证;页岩气开发的环境监管法律制度也不够健全,过程监管力度严重不足,监管权力不够集中,多块管辖导致地方主义保护严重等。

1.我国页岩气开发环境保护法律制度存在的问题

我国页岩气开发的环境保护法律制度方面还存在一些问题,影响着页岩气产业的健康快速发展,主要体现在3个方面。

一是我国页岩气开发的环境保护法律法规以及标准不够完备。一方面,针对页岩气开发的环境保护问题,我国并没有制定出专门性的法律法规,只能参考油气开发行业的环境监管法律法规进行监管,但是页岩气开发与常规油气的开发有着很多的差异,可能引发的环境风险种类也更加繁多,现有的环保法律法规还无法有针对性地预防和降低页岩气开发过程中可能造成的各种环境问题。另一方面,我国油气行业的环境监管制度主要包括9项基本制度,即"老三项"制度("三同时"制度、排污收费制度和环境影响评价制度)、"新五项"制度(排污许可证制度、限期治理制度、集中控制制度、综合整治定量考核制度和目标责任制度)以及污染物总量控制制度,页岩气开发的环境监管大多都是参考这些标准来进行的,很多标准都需要进行具体的细化,才能更好地解决开发过程中造成的各种环境问题。

二是我国页岩气开发环境保护制度的安排不够全面。首先,环境影响评价制度的针对性不强,主要表现为环境影响评价主体的专业性不强,缺少具体的环境影响评价导则,环境影响评价的范围不全面,环境影响评价在施行时具有局限性。公众参与环境影响评价程序的规定十分模糊等。其次,排污许可制度难以适用,我国在水资源、土壤和大气环境保护方面都制定了相关的排污许可规定,但是缺乏固定废弃物和噪声污染方面的标准,而页岩气的开发则会产生很多的固体废弃物,导致很多情况下,排污许可制度变成了一纸空文。再次,页岩气开发企业的信息不公开,容易增加开发过程中潜在环境风险发生的可能性。最后,缺乏环境污染补偿制度,页岩气的开发会产生各种环境污染,严重影响开采地居民的日常生活和生产活动,如果缺乏良好的沟通和交流,就会增加冲突发生的概率,甚至影响到社会的稳定。

三是我国页岩气开发环境保护监督的执法力度不够。一方面,目前我国页岩气开发的主体主要包括环保职能部门、企业以及第三方主体,没有建立专门的页岩气开发环境监管机构,环保监管工作涉及的部门不但包括环保部门,还包括水利、国土、安监等机构,权力比较分散,

各个部门在执法过程中难免会发生冲突,导致页岩气开发环境监管的效率比较低下。企业作为开发的主体,边生产边监管,为了追求经济利益,执行力度也会大打折扣,虽然法律规定了第三方监管,但是我国并没有设立第三方监管机构。另一方面,虽然新《中华人民共和国环境保护法》对于那些给环境造成的破坏行为制定了比较严格的责任形式,比如增加了刑事责任,但是对于污染物的种类和内容等方面都没有详细的规定,责任强度不高,因此页岩气开发中的环境问题也无法找到统一的标准,监管主体也无法对页岩气开发引发的环境问题进行有效的监管。

2.我国页岩气开发环境风险预防法律制度存在的问题

我国页岩气开发环境风险预防法律制度包括环境影响评价制度和信息披露制度,两个方面的制度都存在各自的问题。一方面,从环境影响评价制度来看,首先,针对页岩气勘探、水力压裂技术方面的环境影响评价,我国还缺少相应的规范性文件来加以规范;其次,开发企业缺乏相应的技术指导,审批机关缺乏评价的规范,由此导致评价标准与开发过程中的环境危险临界值不同,从而大大增加了环境风险发生的可能性;最后,我国页岩气环境评价规范的监督主体和评估主体不够明确,评估的时间不够确定,评估的标准和方法也不明确,责任承担方式还需要进行细化。另一方面,从环境信息披露制度来看,主要散见于部门法律规范,在适用的可操作性方面会受到很大的限制。我国油气行业一般采用补充报告模式来进行环境信息记录,大部分企业在环境信息的公布方面存在很多的问题:首先是披露的环境信息比较片面,公开的信息偏重企业符合法律规定的行为,对于造成环境负面影响的信息则选择回避;其次是各个企业披露的信息不统一,企业选择披露的方式不同,内容也不尽相同;再次,企业披露信息的时间具有滞后性,也就是与实际情况发生的时间存在时间差,大多数企业不会及时更新环境信息,也缺乏相关的对法律法规的强制性规定;最后,信息的真实性存在问题,为了避免政府、环保部门以及公众的监督,大多数企业会选择披露少部分经过环境审计的信息,但是环境信息与知情权、参与权是息息相关的,如果环境信息不够对称,其中一个环节就会受到影响,进而对权利体系产生一定的影响。

3.我国页岩气开发环境监管法律制度存在的问题

我国页岩气开发环境监管方面存在的问题主要体现在监管标准、监管过程以及监管模式等方面。

首先,页岩气开发环境监管法律标准不够健全,主要是参照油气行业的环境监管法律标准进行监管,缺乏针对页岩气开发所采用的水平钻井技术和水力压裂技术的相关监管标准。比如,水力压裂技术使用的压裂液是由各种化学物质组成的,压裂液的成分和配比也不要求企业强制公开;又比如,针对水资源污染监督管理的法律依据主要是《污水综合排放标准》,其中并没有涉及到压裂液的相关内容。因此,油气行业环境监管法律标准虽然可以从宏观上给予页岩气开发进行环境监管指导,但是由于细化的监管规定,无法有效地预防和处理开采过程中产生的各种环境风险,也不利于页岩气产业的健康可持续发展。

其次,页岩气开发环境监管的事中监管力度不足。一直以来,我国都比较重视事后的环境监管,也就是环境问题发生以后,对企业实施处罚或者要求修复生态环境。近年来,由于倡导生态文明建设,政府开始重视环境监管的事前监管,比如加强环境影响评价的执法力度,强制要求企业制订环境影响报告书等;而环境监管的事中监管过程自始至终都没有受到应有的重视,中石油、中石化和中海油三大企业垄断我国的油气行业,虽然近年来许多民营企业加入了页岩气开发的队伍,但是为了追逐更多的经济利益,许多企业会选择尽量缩减开采成本,这样可能会导致未净化处理的污水排入河流,废气径直排入大气,对生态环境造成恶劣的影响。另外,环境监管专业队伍缺乏、监管人员能力有限、缺乏环境保护意识等也会造成过程监管力度不足。我国页岩气开发过程中,环境监管工作一般由基层的职能部门执法,有的执法人员不了解页岩气开发技术方面相关的知识,导致环境监管执法工作的难度较大;有的执法人员深受"先污染后治理"的观念影响,严重阻碍环境监管工作的顺利开展;有的执法人员环保意识较弱,一味迎合地方政府经济发展的目标,导致不尽责监管的现象发生。

再次,页岩气开发的环境监管是由生态环境部、水利部和自然资源部等部门共同协作监管的,各个部门都有各自的监管权力和监管范围,同时也会出现权力重叠、履责不清的情况,各个部门在行使权力的过程中大多会以自身部门的利益为重,忽略部门之间的沟通协调,甚至会忽视生态环境的保护,如果发生了重大环境污染事故,也不会有任何一个部门主动承担监管责任。

最后,我国页岩气开发环境监管体制是"条块管辖"模式,也就是说环保部门和地方政府拥有双重管辖权。一方面,地方政府需要负责管辖区域的环境质量,但是没有明确指出环境质量的标准,也没有制定相应的惩罚内容和惩罚力度,地方政府就有可能选择发展本地经济而放任环境破坏的行为;另一方面,如果国家层面对环境质量标准线的设定过低,地方政府就很有可能在经济效益与环境破坏两者之间选择经济效益。总而言之,页岩气的开发与地方政府的国内生产总值息息相关,地方政府不管是否负责管辖区域的环境质量,都可能干预环境主管部门对页岩气开发的环境监管工作。

三、国外页岩气开发环境法律政策对我国的启示

美国、加拿大和英国在页岩气开发中的环境保护法律制度以及相关的经验,可以为我国页岩气开发提供参考和借鉴。比如,在钻井前需要披露水力压裂技术使用的压裂液的化学成分,并设置严格的取水制度;在钻井过程中需要处置好废水、防治废水泄漏,并设置保证金制度;环境监管的主体要保证监管信息的透明化,建立起页岩气开发相关的环境许可制度和环境影响评价制度。在页岩气开发的环境风险控制方面,美国主要是通过政府监管和环境友好开发技术来降低页岩气开发的环境风险。借鉴美国的成功经验,我国可以加快完善油气行业开发环境监管的法律体系,并推动页岩气环境监管体系的建设,尤其是环境监管技术能力方面的建设,并设立环保专项基金或者是使用环保技术的补贴,为页岩气开发环境监管的实施提供技术和资金方面的双重保障。美国和英国的页岩气开发环境监管法律制度都比较完善,并且在世界范围内都具有代表性,可以为我国页岩气开发的环境监管法律制度建设提供借鉴,比如健全监管法律标准、统一页岩气环境监管机构、加强过程监管力度等。

1. 美国、英国和加拿大页岩气开发环境保护法律制度

1）美国、英国和加拿大页岩气开发环境保护法律制度及启示

美国页岩气开发过程中的环境保护主要是适用油气行业的监管和环境保护监管2个方面的法律法规，联邦法规的内容就涉及到了大气环境保护、水资源保护、固体废弃物处理以及稀有物种的保护等方面的法律。1972年通过的《清洁水法》对防止居民或者航行人员往可航行水体中排放污染物质作出了相关的规定；1973年通过的《濒危物种法》对保护濒危和受威胁的物种及其栖息地作出了相关的规定，比如禁止相关部门开展任何会对栖息地的环境造成危害的项目；1974年颁布的《安全饮用水法》对防止自然或者人为造成饮用水污染作出了相关的规定；1976年颁布的《资源保护与恢复法》提出了实施信息披露制度，减少废弃物的排放，并促进非毒性替代物的使用；1976年颁布的《有毒物质控制法》要求石油天然气公司披露化学物质的信息；1986年颁布的《应急预案与社区知情法》针对有毒危险物质的排放提出了监管要求；1990年通过的《石油污染和控制法》对泄漏的防止义务、通知义务以及回应方案都作出了相关的规定，并鼓励页岩气开发过程中对废水进行再利用和再注入处理；2010年9月提出的《资源保护与恢复法》只适用于石油和天然气，并建立了"STRONGER"组织，针对各州在石油和天然气环境法规方面的立法进行定期审查；2012年4月建立第一个监管水力压裂空气质量的标准和要求，制定了一系列的监管规则，预计最佳执行效果可以减少95％的挥发性有机物排放量，实现绿色完井。美国页岩气开发始于1821年，早期制定的法律法规有很多都不能适用于页岩气开发中的环境保护问题，还需要进行类推适用、补充立法以及立法解释等，才能让这些法律法规在页岩气开发中更好地发挥保护环境的作用。美国各州对环境保护的实质性监管问题制定了相关的法律，比如《密歇根州抽取水法》《得克萨斯州自然资源法典》《2012年马塞勒斯页岩水力压裂规则法》以及《西弗吉尼亚州复垦法》等。

英国政府对页岩气开发的态度还是比较积极的，针对页岩气开发中所使用的水力压裂技术也取消了禁止的禁令，但是在实际的开采作业中设置了比较严格的监管条例，比如《环境许可规定》中规定页岩气开发企业需要在开发之前做好2个工作。一个是提交环境影响评价书。《城乡规划条例》中规定地方矿产规划部门可以决定页岩气开发项目是否需要进行环境影响评价工作，如果需要开展环境影响评价，需要重点考察以下内容：页岩气项目开发全过程的详细描述，包括基础设施建设以及开发过程中各种活动的详细描述；开发过程中各种潜在污染物的排放类型、数量以及位置等方面的信息；开发活动对空气资源、土壤和水资源环境的短、中、长期影响；开发企业针对土壤污染和水资源污染采取的措施；开发过程中对于水资源的重复利用和循环利用的比例；开发活动可能引发洪水的风险；敏感生态监测器的影响评价以及水文地质风险影响评价等。另一个是获得环境许可。环境许可主要是针对页岩气开发过程中的废弃物管理、污染物排放、监测和报告以及放射性废弃物等作出相关的规定。比如针对废弃物管理，需要提交《废弃物管理计划（WMP）》，包括废弃物特征、处理方式、对健康和环境风险的预防措施等内容。针对监测，环境许可也对检测的条件以及违反许可的结果作出了相关的规定，条件主要包括监测基线、运营生命周期以及关闭后的监测，如果开发企业违反了环境许可所规定的要求，监管部门就会采取强制行动，比如停止非法行为，以恢复或缓解损害发生，不执行的企业将受到严厉惩罚。英国政府也发布了许多相关的通知来保障结果的实

施,比如《停工通知》《暂停通知》《地下水禁令通知》《反污染工作通知》《恢复通知》以及《服从通知》等。

考虑生态环境的保护问题,加拿大政府对页岩气开发持谨慎态度。近年来,也暂停了一些开发项目的审批工作,页岩气产业的发展速度相对较慢,到目前为止,加拿大都没有实现页岩气的商业化开采。页岩气开发过程中适用的政策也是参考已有的矿产资源开发相关的法律法规,省政府作为监管的主体,负责监管开发项目的勘探、完井、压裂、生产、废弃物管理以及土地复垦等问题,加拿大政府也出台了很多的法律法规和行业标准来规范页岩气开发活动,比如《加拿大环境保护法》可以用于限制页岩气开发过程中污染物的排放。2013年阿尔伯塔省政府在《能源开发责任法案》的基础上建立了阿尔伯塔能源监管机构,对本省石油、天然气以及煤炭等资源开发全过程的监管。该机构也对页岩气开发的环境问题进行监管,监管职能比较强大,监管过程透明、流程清晰,公众参与的积极性和参与度较高,能够有效解决页岩气开发过程中产生的环境污染和生态破坏问题,促进环境保护与资源的可持续开发。

2)美国、英国和加拿大页岩气开发环境保护法律制度对我国的启示

参考美国、英国和加拿大在页岩气开发环境保护法律制度方面的成功经验,我国可以在以下几个方面多做努力。首先,在页岩气开发的钻井活动开始前,披露水力压裂技术所使用的压裂液的化学成分,尤其是对人体和环境有害的化学物质成分;设置严格的取水制度,比如美国有的州规定不能从饮水层取水,有的州规定项目开采用水必须经过批准,有的州还规定使用以网络为基础的取水评价制度,通过网络来评价开采用水是否会对水资源产生负面影响。其次,钻井活动过程中需要考虑废水的处置问题以及防止泄漏的问题。关于页岩气开发过程中产生的废水,一般有4种处理方式:循环利用、地下注入、污水厂处理和土地填埋。每一种方式都有着各自的缺陷,在处理的过程中需要进行严格的检测。防止泄漏的方式一般有3种,即制定套管和固井的最低标准、安装防止井喷的装置和设置保证金制度。保证金是泄漏发生以后用于清除污染的费用。再次,监管的主体要尽量保证监管信息的透明化,比如及时公示开采项目的审批流程,让公众更好地参与监督。最后,可以参考英国的做法,建立环境许可制度,开采企业在开发前必须提交项目的环境影响评价书,并获得环境许可方可进行开采活动。

2.美国页岩气开发环境风险控制措施及启示

美国是世界上最早开发页岩气的国家,也是最快实现页岩气商业化开采的国家。经过多年的开采实践,美国在页岩气开发的环境风险控制方面已经有了十分丰富的经验,主要表现为政府监管和环境友好开发技术2个方面,通过制度和技术来促进页岩气产业的健康可持续发展。

1)美国页岩气开发环境风险控制的现状分析

从政府监管方面来看,美国页岩气开发监管是以州政府为基础,联邦、州、地区和开采地多级协调监管。联邦政府主要是负责制定环境监管相关的法律法规,比如《联邦环境法》《清洁水法》《饮用水安全法》《资源保护和恢复法》以及《清洁空气法》等;州政府负责实施具体的监管工作,其中环境监管由州环境机构负责,在贯彻联邦政府环境监管法律法规的基础之上,执行州政府的环境规定;地方政府则需要结合本地的具体情况,提出具体的监管政策。当联

邦政府与州政府之间的监管要求发生冲突时，以联邦法律优先，但是如果联邦法律规定的标准低于州的标准时，就可以同时实施联邦和州的标准。另外，环保组织和页岩气行业组织也会参与监管。在页岩气开发的初期，美国采用常规天然气的监管框架来监管页岩气行业；后来，随着页岩气产业的发展，环境问题日益暴露，美国也加强了对页岩气开发的环境监管。首先是通过修改部分法律，对页岩气开发实施更加严格的环境监管以及生产监管，同时要求开发企业增加项目的环保投资，并提出预防和解决环境风险的措施。其次出台了一系列有关页岩气环境友好开发的措施和规定，针对水力压裂技术的使用方面，科罗拉多州要求钻井之前要收集水资源和空气质量的基础数据，蒙大拿州、怀俄明州以及得克萨斯州等6个州都要求公开水力压裂液的化学成分和用量，开发企业和页岩气行业组织也正在研究水力压裂液中有毒物质的替代成分；针对废水的处理方法，宾夕法尼亚州和得克萨斯州要求循环利用产出的废水，新墨西哥州要求持续监测钻井场地附近的水质，科罗拉多州和蒙大拿州要求在油气行业应用雨水排放许可要求；针对空气污染和气候的变化问题，美国环境保护署要求天然气开发行业自2012年起每年上报甲烷排放情况，得克萨斯州和科罗拉多州要求使用绿色完井技术，减少甲烷的排放量，美国环境保护署和一些大学也在研究页岩气生产全过程中的温室气体排放情况；针对问责制度，北达科他州和宾夕法尼亚州规定水供应被破坏时需要对企业进行问责并补偿当地社区，宾夕法尼亚州要求开发企业聘用巡视员和监管人员，美国能源部则建议改进有关页岩气作业的公共信息。最后是推广自行申报制度，并制定了配套的违规惩罚措施。针对页岩气开发全过程的各环节，也制定了详细的监管措施，尤其是针对采用水力压裂技术产生的返排水和产出水的处理规定，各个州的规定有明显差别。比如美国东部各州要求企业需要在取得许可以后才可以将废水排入污水处理厂，美国西部各州和南部各州则允许开发企业在经过处理以后将废水注入地下。

从环境友好开发技术来看，美国政府比较支持页岩气开发技术的创新，鼓励发展环境友好开发方式，同时提出了许多开发指南和实践案例。在页岩气开发前需要建立开采地环境指标基准，监管部门、开发企业和第三方机构在开发全过程中需要开展持续的基准测试；开发企业需要在实地勘察后，选定钻井和水力压裂的地址，并对地质灾害发生的风险进行评估，设计项目的开发方案，尽可能减少钻井的数量，降低水力压裂技术所带来的环境风险；在页岩气开采过程中，开发企业需要严格落实气井设计、施工、固井和完整性测试准则，尤其是气井需要与含水层完全隔离，并限制水力压裂技术操作的最小深度和最大用水量，促进回流水的循环使用，监督开发企业对废水和废弃物进行安全存储并及时处理，更为重要的是要鼓励开发企业加快对压裂液有毒化学成分替代物的研发。针对气井的天然气排空和燃烧设定限制，要求开发企业安装甲烷捕集设备，采用甲烷减排技术，减少页岩气开发过程中的甲烷排放量。

2）美国页岩气开发环境风险控制措施对我国的启示

我国页岩气资源的富集地区土地资源比较紧张，水资源也比较短缺，部分地区的地形比较复杂，不利于大规模的开采作业，并且很多地区的人口都十分密集，开采页岩气就需要与开采地居民争夺土地资源和水资源，如果污水处置不当，还会引起地表水和地下水的污染。随着生活水平的提高，人们越来越重视环境保护，因此政府和开发企业都需要高度重视页岩气开发过程中的环境风险，采取有效的监管措施来避免重大污染事故的发生，防止环境污染问题阻碍页岩气产业的发展。政府部门应当利用环境监管来促进页岩气产业的健康可持续发展。通过了解美国页岩气开发的环境风险控制措施,我国也可以从中获得很多启发。比如不断完善油气行业的环境监管法律体系,制定好页岩气开发的环境监管制度;加强页岩气环境监管体系的建设,为页岩气开发环境监管的实施提供机制方面的保障;加强环境监管的基础能力建设,针对页岩气开发环保技术,可以采取引进与自主研发相结合的方式,为页岩气开发环境监管提供的实施提供技术方面的保障;设立环保专项基金和环保技术推广补贴,为页岩气开发环境监管的实施提供资金方面的保障;促进信息沟通机制的建立,加强社会公众的监督等。

3.英、美页岩气开发环境监管法律制度及启示

1)英、美页岩气开发的环境监管法律制度现状分析

美国页岩气开发的环境监管法律制度是以传统油气开发的环境监管法律框架为基础,通过增设内容和补充内容的方式来完善相关的法律法规制度。首先,美国页岩气开发的环境监管法律标准还是比较完备的,主要分为联邦和州两个级别,联邦层面的页岩气监管法律法规适用于美国各州,各州在联邦法律基础上结合本州的实情制定本州的环境监管法律标准。从页岩气开发的水资源监管法律标准来看,联邦法律主要有两个:一个是《清洁水法》,是防止和保护地表水污染的基础性法律;另一个是《安全饮用水法》,是预防地下水污染,尤其是保障饮用水安全的法律依据。美国各州的法律各有千秋,以得克萨斯州为例,该州的油气开发时间较长,对水资源的监管经验也比较丰富,其州级法律标准就具有较高的参考价值。从页岩气开发的大气监管法律标准来看,主要是针对甲烷排放的监管。2002年颁布的《综合环境反应、赔偿和责任法案》中对页岩气开发中的甲烷排放提出了限制;同年出台的《资源保护和回收法》要求实时监控垃圾填埋场的甲烷排放;2004年颁布的《清洁空气法》针对天然气开采的甲烷排组作出了明确规定;2009年出台的《清洁能源与安全法案》规定国家需要创立一个监测温室气体的综合系统,可以有效地限制页岩气开发中的甲烷排放过量;2011年出台的《有害空气污染物国家排放标准》要求开发企业从2012年起必须每年上报空气污染物排放情况;2012年颁布的《页岩气开发环境规章》对页岩气开发的全过程进行了具体的细化规定。比如,2015年前可以采用明火燃烧或者绿色完井技术来消耗甲烷,但是2015年以后就只能采用绿色完井技术来减少大气污染物的排放。其次,美国页岩气开发环境监管的主体是以州为基础的,联邦层面的监管主体有两个:一个是能源部,负责制定国家能源的基本政策、能源战略计划以及开采的技术研发;另一个是环境保护署,负责监督管理页岩气开发引发的环境危害,并制定环境保护相关的规划。地方层面的监管主体主要是州级,也是美国页岩气开发环境监管的主体,各州可以根据本州的实际情况,决定页岩气开发的监管机构及其职能,并针对页岩气开发引发的环境污染情况来执行监管的措施。再次,美国页岩气开发环境监管实行的是全过程监管,项目开发全过程的各个环节都设置有详尽的监管规定,也就是说美国在页岩气开发的环境污染中有着切实可行的监管依据,能够促使页岩气的开发行为受到严格的控制管理。最后,美国政府鼓励并支持研发环境友好技术。1976年美国能源部开始投入大量资金用于研究页岩气层、地质构造及油气工程;1977年美国设立天然气研究院研究天然气开发技术;2004年颁布的《能源法案》中强制要求政府每年投入4500万美元来支持非常规天然气的技术研发,在此背景下,页岩气开发的水平钻井技术、集成钻井技术以及绿色完井技术等技术纷纷问

世。页岩气开发技术的不断完善,为美国页岩气产业的环境友好开采战略创造了良好的条件。

英国一直以来都坚持以"环保先行"的理念发展国家经济,因此页岩气开发的环境风险暴露以后,英国议会于2011年宣布禁止使用水力压裂技术开发能源,并于2012年取消了该条禁令,采取比美国更为严格的监管措施来防治页岩气开发过程中的环境风险。比如《水资源法》对水资源的利用条件进行了严格限制,政府对于页岩气开采所使用的压裂液以及开采活动产生的返排液都制定了比较严格的环境标准,《海上设施和矿井法规》也对开采活动作出了细节性的规定,有利于页岩气开发的全过程监管。英国的环境监管机构是石油和天然气管理局,负责监管油气开发相关的各种活动,同时也设立了其他机构共同协作环境监管工作,比如健康与安全执行局负责审查气井的设计和执行,环境局负责其他生态资源的管理与监督,矿产局负责利用土地资源造成的土壤污染和水污染。英国页岩气开发的监管过程是十分细致的,环境监管制度主要包括许可证制度和环境监测制度两项内容。英国的页岩气开发设置了严格的准入方式,开采之前需要取得勘探生产许可证以及钻井许可证,但是获得钻井许可证的前提是事先取得4个证件:一是与土地所有者协商获得的土地使用证;二是环境局颁发的环境许可证;三是矿物规划局颁发的钻井建筑许可证;四是钻井前21天上报健康与安全执行局,通过第三方检测机构检验后,向环境局申请的用水和废水处理许可证。在以上4个证件都获取以后,方可申请钻井许可证,然后再与勘探生产许可证一起申请页岩气开采的准入许可。在页岩气开发环境监测方面,英国要求针对页岩气开采才可能导致的环境污染进行实时监测,包括监测水资源中的化学物质、废气中的甲烷含量、废弃物的数量以及放射性物质的比例等方面的内容,要求记录好监测的时间、地点以及频率,并及时向有关部门提交监测报告。基于"环保先行"的发展理念,在经历"允许—禁止—允许"页岩气开发以后,对页岩气开发持谨慎态度的英国采取更加严格的环境监管措施来促进资源开发与环境保护的共赢。

2)英、美页岩气开发环境监管法律制度对我国的启示

参考英国和美国在页岩气开发环境监管法律制度方面的成功经验,我国可以从以下几个方面多做努力。首先,在环境监管法律法规方面,英国在环保先行理念基础上建立了严格和详细的环境监管方面的法律法规;美国则分别从联邦层面制定了水资源、空气环境等方面的法律法规,从地方层面制定了详细的监管规定。相比英国和美国而言,我国页岩气环境监管的法律体系不够健全,主要依靠企业自律行为,因此需要健全页岩气开发的环境监管法律法规。其次,从监管机构的职能来看,美国是以州为基础的多级协调监管模式,环境保护署、各州环境保护局、能源部以及石油协会等各个机构的监管职能分工比较明确;英国是石油与天然气管理局统一管理页岩气开发环境监管工作,各地环境局负责具体的实施工作。英国和美国监管机构的职能都比较明确,能够避免出现多头管理和相互推诿的情况发生。因此,我国可以参考英、美国家的做法,明确页岩气开发环境监管机构的职能,统一页岩气开发环境监管的权利。最后,从过程监管来看,英国和美国都比较重视对开发全过程的监管,尤其是事前预防和事中监管。英国对于页岩气开发企业的准入以及开采过程中的监测都制定了明确的法律条文,将环境监管的全过程规定的事无巨细,有效避免了监管无凭、监管过程无法衔接以及监管结果不到位的情况发生。而我国页岩气开发的过程监管基本处于一种放任的状态,迫切需要加强过程监管力度。

第六章 完善我国页岩气开发的环境法律政策构想

目前,我国页岩气开发环境政策还存在很多的问题,比如环境保护法律制度方面,相关的法律法规以及标准不够完备,环境保护制度的安排不够全面,环境保护监督的执法力度不够等;环境风险预防法律制度方面,环境影响评价监督的主体和评估的主体都不够明确,评估的时间也不确定,评估的标准和方法不明确,责任承担的方式也没有细化,披露的环境信息比较片面,披露信息的方式和内容不统一,信息的发布比较滞后,信息的真实性有待考证;环境监管法律制度方面,环境监管法律标准不够健全,环境监管的事中监管力度不足,环境监管是由多部门共同协作监管的,各个部门都有各自的监管权力和监管范围,同时也会出现权力重叠、导致履责不清的情况,并且环境监管体制是"条块管辖"模式,环保部门和地方政府拥有双重管辖权等。针对以上种种问题,我国需要不断完善页岩气开发的环境政策,比如页岩气开发环境保护相关的法律法规方面,可以完善水资源法律法规,完善生态环境保护法律规制,完善大气环境保护法律规制等;页岩气开发环境监管法律制度方面,可以健全页岩气开发监管法律标准,统一页岩气环境监管机构,加强页岩气开发过程的监管力度等;页岩气开发环境风险防控法律制度方面,可以完善页岩气开发环境影响评价制度,强化页岩气开发环境信息披露制度,完善页岩气开发矿业权制度,建立页岩气开发排污许可制度等。

一、完善我国页岩气开发环境保护相关的法律法规

现阶段,我国页岩气开发的环境保护法律法规以及标准还不够完备,现有的环境保护法律法规还无法有针对性地预防和降低页岩气开发过程中可能造成的各种环境问题。环境保护制度的安排也不够全面,环境影响评价制度的针对性不强,在实行时具有局限性,排污许可制度难以适用,页岩气开发企业的信息不公开,容易增加开发过程中潜在环境风险发生的可能性,也缺乏环境污染补偿制度。环境保护监督的执法力度不够,没有建立专门的页岩气开发环境监管机构,虽然新《环境保护法》对于那些给环境造成的破坏行为制定了比较严格的责任形式,但是对于污染物的种类和内容等方面都没有详细的规定,页岩气开发中的环境问题也无法找到统一的标准。针对这些问题,我国需要不断完善页岩气开发环境保护相关的法律法规,首先需要完善页岩气行业的专门性法律法规以及标准,比如完善页岩气开发环境保护法律法规,制定页岩气开发环境指标国家标准等;其次需要构建页岩气开发的环境保护制度,

比如构建页岩气开发环境影响评价制度，完善排污许可制度，建立企业信息公开制度以及建立环境污染补偿制度等；最后需要加强页岩气开发环境保护监督执法，比如设置专门的环境监管队伍，加大对责任主体的罚款力度等。

1.完善我国页岩气开发中的水资源法律规制

随着社会的进步，人们的环保意识也越来越强烈，政府发展的重点也是追求能源与环境的可持续发展。页岩气资源的开发利用不仅能够缓解我国能源紧张的局面，保障国家的能源安全，而且能够推动节能减排，优化我国的能源结构。但是，页岩气资源开采的关键技术是水力压裂技术，该技术的使用需要耗费大量水资源，同时还会造成地表水和地下水的污染。常规油气井初期的产水量比较小，水气比随着油气井生产周期的延长而增加，直到大部分的地层水返排到地面，产出水主要存在于地层中的天然水，可以进行排水气或者注水油；页岩气井初期的产水量比较大，最初的几周内产水量可高达3800m³左右，随着生产周期的延长，产水量会突然降至10m³/d，返排水的主要成分是压裂液，产出水的盐含量比较高。近年来，随着页岩气产业的快速发展，页岩气开发中的水资源管理问题也成了一大难题。我国并没有针对页岩气开发的水资源管理制定专门性的法律，而是参考相应的环境单行法律来规范页岩气开发过程中引发的水环境问题。与页岩气开发相关的水资源立法主要有两个方面。一方面是与水资源利用相关的规定，主要包括《中华人民共和国环境保护法》《中华人民共和国水法》以及《中华人民共和国水污染防治法》等，其中以《中华人民共和国水法》的利用最多。《中华人民共和国水法》于1998年颁布，2002年修改，2016年修正，在取水管理和节约用水方面都有相关的规定。另一方面是与水资源的污染防治相关的规定，主要包括《中华人民共和国水污染防治法》《中华人民共和国水污染防治法实施细则》以及《水污染防治行动计划》等，其中以《中华人民共和国水污染防治法》的利用最多。《中华人民共和国水污染防治法》于1984年颁布，1996年和2008年进行了修改，2017年修正，在水资源污染的防治方面，主要包括两类制度：一是有关环境保护法律的一般性制度，比如"三同时"制度、排污申报制度、环境影响评价制度等；二是污染防治方面的特别规定，比如总量控制制度、排污许可制度、水环境质量检测制度以及水资源污染物的排放与检测制度等。其中，第20条对重点水污染物排放的总量控制制度进行了规定，第21条规定了排污许可证制度，第34条规定了禁止向实体排放含有放射性物质的废水和废弃物，第35条规定禁止利用渗井和渗坑排放污水废弃物。《中华人民共和国水污染防治法实施细则》第39条也对矿井作业的废水排放问题作出了相关规定。总的来讲，我国在页岩气开发的水资源立法方面存在很大的问题，比如现有的法律法规不够完善，有关深井灌注问题的立法完全处于空白状态，环境影响评价方面的制度也没有引入，行政监管方面的权责不够清晰。

美国页岩气开发的水资源立法方面就比较完善，比如在地下水和地表水的污染防治方面，联邦法律有《清洁水法案》和《安全饮用水法》，各州也制定了相关的法律法规；在水资源利用方面，实行以州立法和州级协定为准，各州供水分配制度不同，主要有河岸使用制度和优先占用制度。总体来讲，美国页岩气开发的水资源立法相对完善，也有修改现有法律制度补充专门立法的情况，建立了完善的环境影响评价制度，行政部门的监管权责明确。借鉴美国页岩气开发对水环境保护的成功经验，我国借鉴从以下几个方面来完善页岩气开发的水法律制度。

首先,针对目前现有的水资源保护法律制度,比如《中华人民共和国环境保护法》《中华人民共和国水法》《中华人民共和国水污染防治法》等,结合我国的具体国情,同时参考和借鉴美国的立法经验,通过相关的措施进行完善和规制,规范页岩气开采行为。具体来讲,主要有3个方面的措施。一是完善水资源规划方面的制度。针对页岩气资源富集地区,要制订出比较详细的水资源规划目标、水质监测计划与规划;针对水资源的利用,必须严格限制在当地的规划范围以内,要按照水资源规划进行取水;针对水资源的规划,需要加强基础设施方面的建设,比如建造废水处理厂或者是专门处理压裂液的设施。二是丰富供水分配制度。目前我国页岩气开采用水采用的是取水许可制度,许可证是由流域管理部门和水行政主管部门共同分配的,流域管理部门负责供水分配的监督管理,其他行政部门需要积极配合并严格执行;如果开发区域需要大量供水,可以通过水市场机制来分配水资源,也可以通过水用户自行分配,使开发企业与开采地居民自行组成水分配管理机构进行供水分配;政府部门则需要加强基础设施建设,为水资源的运输提供保障。三是完善总量控制制度。可以制定废水的综合利用方案,比如重新注入循环再利用,也可以通过工业用水进行循环回收,页岩气开发过程中产生的返排水就可以进行原地处理或者是回收再利用;开发企业和相关部门需要重视返排水处理技术的研发工作,不断改进返排水处理技术,严格控制页岩气开发过程中对水环境造成的污染,保证其污染程度控制在开采地排放总量控制标准内;按照江河流域的水量分配方案和取水总量控制指标,全面控制流域内用水总量,制订出流域年度用水计划;针对开发区域内的取水量也要进行全面控制,一旦超过用水指标,就需要通过水权交易制度来进行供水分配,以此保证开采地居民的生活用水、农业用水和当地的工业用水,促进水资源的可持续发展。

其次,与常规油气开发相比,页岩气开发活动具有很多特殊的地方,比如涉及地质勘探、钻井完井、水力压裂的压裂液处理、气体排放等,尤其是在压裂液组成成分以及返排液的回收处理方面,可能引发的环境风险种类较多,涉及的环境保护法律范围也比较广泛,但是我国现阶段并没有针对页岩气开发的专门性法律法规制度,仅仅只是参考《中华人民共和国环境保护法》《中华人民共和国水污染防治法》《中华人民共和国水法》等法律。随着页岩气产业的发展,迫切需要完善和制定页岩气行业专项立法,使页岩气开发活动有法可依、有章可循。一方面需要制定详细的环境质量标准,尤其是对水力压裂技术的使用进行专门规制;另一方面需要对水力压裂技术使用的压裂液的成分、规格以及返排液的处理和气井套管等方面制定详细的规范。美国页岩气开发水资源相关的立法经验就值得我们借鉴,美国在这方面相关的法律法规是以州级立法为主导,联邦层面的立法是比较笼统的,我国可以以此为鉴,允许页岩气开发示范区制定他们的地方法规和规章制度,加强对页岩气开发中的水资源管理,从而弥补国家层面立法的不足。

再次,要做好页岩气开发过程中的水资源环境影响评价工作,具体有3个方面的措施。一是开发初期要制定出水环境影响评价制度,要对我国页岩气资源的潜力进行科学的分析和评价,针对页岩气开发项目,要进行详细的项目环评和规划环评,重点分析评估水力压裂技术可能引发的环境风险,可以将页岩气资源评估与开发区域的水资源规划以及环境影响评价相结合,评价开发项目的可行性。二是开展开发项目的战略环评工作,比如从环境保护的角度出发,综合考虑生态环境承载能力、资源环境效率以及环境风险控制等方面的因素,判断我国哪些地区不适合开发页岩气资源；同时，对于页岩气开发的政策和计划也需要进行环境评价，比如针对不同的页岩气区块，开发的可行性、开发会造成的环境风险、相关的国家政策和地方决策等。三是加强我国页岩气示范区域的环境影响评价，比如四川长宁-威远国家级示范区、富顺-永川示范区等，重视公众参与制度的建设，项目开发之前要开展公众调查活动，充分考虑公众对于环境保护的诉求。

最后，要建立环境信息公开机制，保障公众的环境知情权。一方面，政府部门可以在《政府信息公开条例》和《环境信息公开办法（试行）》的基础上，建立环境信息沟通机制，规范页岩气开发过程中开发企业的环境信息披露行为，可以定期开展听证会或者是论证会，向公众传达页岩气开发可能引发的环境风险以及解决的措施等信息；另一方面，强制要求开发企业公开压裂液中所含的化学物质成分，并公布水力压裂技术所需要的用水量、产出的废水量以及处理废水的方式等。

2.完善我国页岩气开发中的生态环境保护法律规制

我国的页岩气资源埋藏比较深且渗透率较低，开采作业区的钻井数量较多，对各种资源的消耗量较大，造成污染的范围较大，且污染的种类较多，环境风险发生的概率较高。页岩气开发对生态环境的影响主要体现在以下5个方面。

(1)页岩气开发需要占用大量土地资源，影响耕地和植被环境。页岩气开发会占用大量的土地资源，比如涪陵页岩气田的一期工程所占用的土地面积多达$88.60km^2$，主要是占用林地和耕地，钻井作业过程中会破坏地表的土壤结构，影响植被的覆盖面积，甚至改变局部的地形面貌，对土地资源造成很大的损害。

(2)页岩气开发过程中造成的水资源污染对生态环境的影响。许多页岩气资源富集地区的人口密度比较大，开发区域内的地表水系也是开发区居民的饮用水源，一旦发生地下水或者地表水污染，将会严重影响周边居民的生活和生产活动。钻井过程中产生的大量废水、水力压裂技术产生的压裂返排液等，一旦处置措施不到位，就会发生"跑、冒、滴、漏"的情况，给地下水造成不可修复的损害，严重影响生态环境。

(3)页岩气开采作业会产生噪声，进而影响到开采地居民的生活环境，同时也会影响开采区域内野生动物的生活环境。

(4)页岩气开发活动会产生并排放各种废气，造成空气污染进而影响生态环境，比如钻井工程产生的燃油废气、页岩气无组织的排放等，都会影响到开采地居民的生活环境和区域内动植物的生存环境。

(5)页岩气开采活动会产生大量的钻屑，钻屑固化填埋也会影响到生态环境。一般情况下，在钻井活动中会产生清水钻屑、水基钻屑和油基钻屑3种钻屑，钻井完成以后，清水钻屑和水基钻屑在废水池进行固化填埋处理，油基钻屑则需要运输到工区的油基钻屑回收利用站进行处理，处理后的热解残渣再运送到井场的废水池进行固化填埋。我国的很多页岩气开发区域的钻井数量都比较多，需要固化填埋的钻屑量比较大，并且分布比较广，固化填埋过程中会产生各种各样的问题，比如固化池局部被破坏、钻屑与固化剂搅拌不均匀等，导致一些固体化的有害物质发生渗漏，造成土壤污染和地下水污染。

针对以上种种问题，我国可以采取预防为主、保护优先的原则，在页岩气开发过程中坚持开发与保护并重,加强绿色生态示范区的建设,采取有效的措施使页岩气资源的可持续开发与生态环境共同发展。

首先,在减少生态环境影响方面,可以减少土地占用、缩短施工工期,减少植被破坏、保护和恢复植被、防治水土流失,保护野生动植物、禁止随意开辟施工便道、禁止随意破坏植被以及猎杀野生动物,严格开展环境监理工作,监督施工单位生态保护措施的落实情况等。

其次,在水环境影响的应对方面,可以从环境保护的角度优选井位,并及时调整施工方案,施工过程中1500m以上要采用清水钻井技术,不能添加任何化学物质,同时研发高效的固井工艺,保障固井的质量,有效防控浅层地表水的污染;可以在生产中严格控制各个环节的废水产量,对污水进行循环利用,不能利用的可以通过采气分离进行处理,油基钻井需保持设备清洁,减少擦洗设备废水产量,重视研发环保型的钻井液和压裂液,对工作人员生活产生的污水和垃圾进行集中处理,有效防治废水污染;开发企业需要建立完善的环境管理组织体系和环境保护绩效考核体系,预防开发过程中环境事故的发生,同时环境监理还需要督促开发企业严格落实水环境保护措施,制定水环境跟踪监测方案,定期开展开采区域的水环境监测。

再次,在噪声环境影响的应对方面,可以推广使用网电钻机进行钻井来降低噪声,同时要严格控制施工时间,夜间禁止使用高噪声的机械作业,一旦噪声超标,需要采取功能置换的方式来控制噪声影响。

然后,在空气环境的影响方面,可以在施工前洒水降尘,对含气返排液采用密闭集输流程进行气液分离,严格执行点燃放空,减少放喷时间和放喷废气排放,推广使用网电钻机来减少废气排放,加强油基钻屑回收利用技术的研发等,有效预防废气直接排放到大气中。

最后,在钻屑固化填埋影响的治理方面,需要对已有的固化填埋池进行跟踪监测,同时开展钻屑资源化综合利用的可行性研究以及钻屑资源化技术研发工作,努力实现钻屑的资源化利用以及环保处置,有效降低钻屑固化填埋对生态环境的影响。

3.完善我国页岩气开发中的大气环境保护法律规制

页岩气开采活动会产生各种废气和污染因子,严重影响大气环境,比如场地平整过程中会产生柴油机尾气和扬尘,钻井过程中会产生扬尘,水力压裂过程中会产生柴油机尾气和VOCs,测试放喷阶段会产生甲烷、VOCs和放喷燃烧废气,生产运营阶段会产生甲烷和VOCs,闭井阶段会产生甲烷和VOCs等。

甲烷泄漏、VOCs排放、柴油机尾气和二次污染等常规空气污染都是影响大气环境的因素,美国针对页岩气开发中的大气环境管理主要采用两种途径。第一种途径是建立环境管理制度,包括环境管理标准和环境管理制度两个方面。从环境管理标准来看,《联邦法典》针对陆上天然气的VOCs泄漏和SO_2的排放标准作出了相关规定;《清洁空气法》针对油气开采的空气污染物提出了管理标准;《石油和天然气部门:新排放源国家实施标准及有害大气污染物国家排放标准》提出在页岩气开采中使用绿色完井技术减少甲烷排放;《新污染源行为标准》中也规定使用绿色完井限制VOCs的排放。从环境管理制度来看,美国针对废气的排放权限以及排放源的标准,制定了空气许可证制度,页岩气开发企业需取得空气质量许可证;《清洁空气法》规定列出空气污染物排放清单,以确定主要污染来源以及污染物排放量;针对甲烷排放,《温室效应规则的法定报告》和《温室气体强制性申报:最终条例》中都有相关的规定。此外,EPA和油气行业还建立起了"天然气之星"计划,已经提供了80多种甲烷的减排方法,并形成了甲烷减排的最佳管理实践。第二种途径是开展污染控制技术的研发与应用,包括甲烷和VOCs的控制以及柴油尾气的控制两个方面。从甲烷和VOCs的控制来看,美国主要是采用火炬燃烧技术来减少甲烷和VOCs的排放,采用绿色完井技术减少天然气的排放,采用捕集技术减少甲烷排放,采用检测和维修技术捕获甲烷实现盈利,采用脱水改造技术捕集吸附的甲烷和VOCs。从柴油尾气的控制来看,主要是通过两种方式来实现,一种是清洁能源技术,另一种是柴油尾气污染防治技术。

借鉴美国的成功经验,我国可以完善页岩气行业的VOCs和甲烷的排放标准,尤其要建立起甲烷排放数据的统计制度,要求页岩气开发企业记录开采活动中甲烷的排放以及泄漏的数据;同时,要推广绿色完井技术和捕集控制技术,严格管理放喷燃烧活动,尽量使用电能减少柴油的使用,并采用先进的燃料处理技术;另外,要加强对开采区域大气环境的跟踪、检测以及评价,定期评估页岩气开发产生的大气污染物对大气环境质量的影响。

二、完善我国页岩气开发环境监管法律制度的途径

页岩气开采活动会引发很多环境风险,比如水资源的耗费和污染、大气污染、土壤污染等,因此页岩气开发过程中的环境监管就显得十分重要,这既是环境保护的必要保障,也是我国发展低碳战略的重要支撑。目前,我国页岩气开发的环境监管已经有了一定的法律标准,过程监管主要以开发企业自律的形式进行,多个部门同时拥有监管的权力,生态环境部门实行的是条块管辖模式,这种情形下存在的问题主要表现为环境监管的法律标准不够健全、过程监管的力度不足、监管的权力也过于分散、条块管辖还会导致地方保护主义色彩过于浓厚。参考英、美国家页岩气开发环境监管方面的成功经验,美国的环境监管法律标准比较完备,监管的主体以州为基础,实行的是开发全过程的监管,支持环境友好开发技术的研发与应用;英国的环境监管法律法规比较严格,环境监管机构统一,环境监管的过程也比较细致,对页岩气资源的开发持谨慎态度。英、美国家页岩气开发环境监管给我国的启示就是健全相关的环境监管法律法规制度,明确环境监管机构的职能,完善环境监管的过程。基于此,我国可以通过完善页岩气开发环境监管的法律法规、制定页岩气开发的环境标准等途径来健全环境监管法律标准;从职能定位、权力配置、机构设置以及监管队伍等方面来统一页岩气环境监管机构;加强页岩气开发事前、事中和事后全过程的监管力度,不断完善页岩气开发的环境监管法律制度。

1.健全页岩气开发监管法律标准

目前,针对页岩气开采活动,我国已经构建了初步的环境监管法律体系,主要包括《中华人民共和国环境保护法》《中华人民共和国水污染防治法》《中华人民共和国大气污染防治法》等法律制度以及地方性的环境保护规范性文件,但是针对页岩气开发关键技术造成的环境问题,我国并没有专门制定相关的法律规范,无法有针对性地开展防治工作。英国和美国在页岩气开发初期,也没有制定专门性的法律法规,只是对相关的法律法规进行了修订,增加了压

裂液、返排液的处理标准和规定。随着页岩气产业的发展,美国制定了《页岩气开发环境规章》。我国作为一个页岩气资源大国,也实现了页岩气的商业化开采,更应该对页岩气开发可能造成的环境风险持谨慎态度,通过健全环境监管标准,不断完善我国页岩气开发的环境监管法律制度。一方面,《中华人民共和国环境保护法》《中华人民共和国水污染防治法》《中华人民共和国大气污染防治法》等法律制度只能够防治对部分页岩气开发造成的环境问题,而对压裂液和返排液的处理方式并没有专门的规定,因此我国可以在《中华人民共和国水污染防治法》中增加压裂液和返排液处置的相关内容,比如集中回收废水至污水处理厂进行无害化处理后排放,对压裂液和返排液进行循环利用至水力压裂钻井中,也可以把压裂液和返排液送到污水处理厂处理后注入地下封存。另一方面,我国环保部门已经出台了一系列的环境标准,但是并未涉及到压裂液和返排液的内容,无法有针对性地解决页岩气开发所引起的特殊环境污染,因此需要制定与页岩气开发相关的环境标准。一是要制定页岩气开发国家层面的环境标准,对页岩气开发引发的特殊环境问题作出相关的规定,比如压裂液和返排液的排放指标,甲烷排放标准、排放总量以及排放的浓度等;二是省级人民政府需要结合页岩气开发地区的实际情况,制定地方环境标准。

2.统一页岩气环境监管机构

一直以来,我国油气行业的环境监管模式是企业自律的形式,随着页岩气产业的发展,大量的民营企业进入页岩气开发市场,迫切需要加强以政府监管为主的环境监管模式。我国的环境监管设置了中央和地方的制度格局,生态环境部、自然资源部以及水利部等多部门对页岩气开发都拥有环境监管权力。因此,我国可以设置统一的页岩气环境监管机构,集中页岩气环境监管权力,同时可以将页岩气环境监管职能集中到省级部门,进行环境监管的统筹协调与细化指导。具体来讲,可从以下4个方面着手。

(1)职能的定位问题。2018年我国新设了生态环境部门,集中了环境监管权力,页岩气开发中的环境问题也由生态环境部门进行统一领导和综合管理。政府可以考虑在生态环境部门内设页岩气监管机构,比如中央生态环境部的页岩气监管机构负责制定页岩气开发的规章、规划以及环境标准等内容,地方生态环境部门的页岩气监管机构负责评估开采区域页岩气开发活动已经造成的环境问题,并指导开发区域内具体的环境监管工作。

(2)权力的配置问题。可以通过设立页岩气环境准入、退出机制;制定页岩气开采的环境监管标准,比如水体、大气以及土壤等污染防治的监管标准;建立应急事故管理机制,事先制定好应对环境风险的预案,并细化具体的赔偿方案与追责机制;随时监测页岩气的环境污染状况,依法查处开发企业的违法排污行为;统筹协调跨区域的页岩气开发环境污染问题等,以此保障环境监管工作的有效开展。

(3)机构的设置问题。可以取消地方政府对页岩气的环境监管权力,保留省级内设机构,分别在西南、西北、华北等地设立页岩气环境监管局,直接管理环境监管队伍,其中人事权和财政权等权力由省级政府掌握,相应的经费也由省级政府负责。

(4)监管队伍的建设问题。地方页岩气监管局直接指导各矿区监管队伍,而监管队伍的专业水平直接影响页岩气开发的环境监管效果,因此需要重视监管队伍的建设,可以通过编制岗位与合同岗位相结合的方式来壮大监管队伍,优先选择兼具环保知识和油气开采知识的专业人员；提供岗前培训，并定期开展专业知识培训；建立环境监管工作奖惩机制，提高监管人员的薪资待遇水平，同时增加环境监管工作的压力，加大监管人员的执法力度；改变先污染后治理的错误思想，增强生态环境保护意识。

3.加大页岩气开发过程的监管力度

页岩气开发的全过程监管包括事前、事中和事后的监管。首先，事前监管工作能够有效地减少页岩气开发所引发的环境风险，包括收集开采地的地质结构，选择钻井的位置、测试水资源流量等内容，能够为事中和事后监管提供参考；同时，监管机构还需要披露开发企业的信息，以便公众参与监督。其次，事中监管就是把环境监管工作落实到开采活动中，比如针对压裂液、返排液以及废水的处理等，监管人员需要严格按照环境标准和相关的规范来开展监管工作；事后监管主要是负责总结监管工作，比如如果发生环境污染事故，就需要将事前监管中收集的数据与事后数据进行对比，得出客观公正的监测结论，并以此为依据对开发企业进行相应的处罚。

三、完善我国页岩气开发环境风险防控法律制度的途径

页岩气开发会造成水资源消耗、水资源污染、地质环境影响以及大气污染等环境风险，只有从制度方面加以规范，才能有效地预防和控制这些环境风险的发生。页岩气开发环境风险防控法律制度主要包括风险预防型立法和行政监管型立法两个方面的内容。从风险预防型立法来看，可以分为环境影响评价制度和信息披露制度。环境影响评价制度指的是在页岩气项目开始之前，政府或者第三方监管结构对开发项目进行环境评价，并将评价的结果作为项目审核通过的标准之一，主要是保障公众的参与权，体现行政的民主化；环境信息披露指的是开发企业公布相关的信息，比如对资源的消耗程度、压裂液的化学成分等，便于政府和公民监督企业开展环境保护。从行政监管型立法来看，主要包括矿业权取得制度以及各种许可制度，二者相互协作构成了开发企业的准入条件，在实际操作过程中必须以环境标准为前提，能够发挥积极的管理作用。目前，我国并没有建立起针对页岩气勘探、水力压裂技术的环境影响评价规范，与页岩气开发环境信息披露制度相关的立法主要散见于部门法律规范中，在具体的操作过程中受到很大的限制，大部分开发企业在信息披露方面存在各种问题，比如披露的信息比较片面，披露信息的内容不统一，信息披露的时间比实际情况发生的时间滞后，披露信息的真实性有待考证等。

我国页岩气开发矿业权制度方面的立法主要有《中华人民共和国矿产资源法》《矿产资源勘查区块登记管理办法》《矿产资源开采登记管理办法》等，这些立法还存在很大的不足，比如《中华人民共和国宪法》规定了矿产资源属于国家，民营企业想要获得开采权就需要通过"招、拍、挂"的方式取得，资金就会成为企业获得页岩气开采权的一个重要的衡量标准，企业对环境风险的管理能力反而得不到重视；《中华人民共和国矿产资源法》虽然规定开采企业必须符合规定的资质和条件，但是并没有指定具体的认定标准和程序，矿业权取得以后也不能完全明确权利与义务的关系，同一块土地有可能存在不同的矿产资源，矿产权可能分别授予不同

的主体,引发环境问题的责任主体无法明确认定等。我国页岩气开发排污许可制度相关的立法主要有2014年12月发布的《环境保护按日连续处罚暂行办法》《实施环境保护查封、扣押暂行办法》《环境保护限制生产、停产整改暂行办法》《企、事业单位环境信息公开暂行办法》《中华人民共和国大气污染防治法》,2000年《中华人民共和国水污染防治法实施细则》,2019年《中华人民共和国水污染防治法实施细则》,以及《中华人民共和国行政许可法》等。

美国在页岩气开发环境风险的预防和监管方面都做得十分到位,值得我们参考和借鉴。从环境风险预防型法律制度来看,美国早在1969年就制定了《国家环境政策法案》,该制度也是美国环境影响制度最重要的依据,被称为美国环境大宪章。美国页岩气项目的环境影响评价包括3个阶段:初步的环境影响评估阶段、界定评估范畴阶段以及正式的环境影响评估阶段。正式的环境影响评估阶段是最重要的阶段,其中最关键的步骤是制作环评报告书和公众参与。环评报告书必须具备4个方面的内容:一是分析项目开发技术和开采行为对环境的影响;二是项目可替代的方案以及技术;三是页岩气开发的环境影响与经济利益之间的权衡;四是页岩气开发是否会造成生态环境不可逆转的破坏。公众参与的方式有很多,比如听证会、一般公开说明会、社区组织说明会、小组研究、民意调查以及回答民众疑问等。美国对于页岩气开发中的信息披露有具体的规定,比如开发主体信息披露监管机关是十分明确的,包括土地管理局、地下水保护委员会以及洲际石油天然气委员会;披露的内容也比较明确,包括开发活动中涉及的流体成分、使用情况以及处置方式等;披露的时间也有相关的规定,为完成水力压裂后的30天以内;披露信息有专门的网站(www.fracfocus.org),便于政府监管和工作监督。从行政监管型法律制度来看,页岩气所有权的取得需要按照获取原则、强制联营原则以及杜哈姆原则进行。美国矿产所有权分为两种,一种是联邦政府所有,另一种是各州私有主体所有,矿产资源具有私有财产权的属性,开发企业可以通过租赁的形式获得矿产所有权,开发前需要告知所有权人,各州在租赁者开发矿产资源告知义务方面的规定不尽相同。在相关的立法方面,1897年通过的《联邦陆上石油天然气租借法修正案》规定农业部门林务管理局拥有矿产租赁的决策权;1920年颁布的《矿产租约法》中对矿产租赁制度进行了规定;后来颁布的《美国联邦环境法》和《资源保护和恢复》规定,如果土地所有权人与矿产租赁者发生了损害环境的行为,需要承担相应的法律责任。美国与页岩气开发排污许可相关的法律主要有《清洁水法》《清洁空气法》,通过细化开发企业信息报告的责任规定,有效监管开发企业的排污情况。开发企业需要严格按照《清洁空气法》《清洁水法》等法律的相关规定,建立监测的设备,进行周期性的监测汇报;发放许可证之前需要考察开发企业的环境监测报告,开发企业也需要建立起信息数据库,以便及时记录和更新环境信息数据;开发企业有接受监督检查的义务,一旦被发现违规行为或者不履责的情况,要受到相应的行政处罚;如果开发企业提交的报告为虚假信息报告,相关的负责人要受到刑事处罚。此外,《清洁空气法》《清洁水法》等法律中对排污权交易制度作出了相关的规定,具体来讲,就是当开发企业排放的污染水量低于排放许可的上限,就可以将剩余的排污使用权储存起来,既可以供日后使用,也可以售出交易。

美国页岩气开发环境风险防控法律制度带给我国的启示主要有两个方面:一方面是要确定页岩气的勘探权和开采权,明确环境风险预防的主体和污染治理的责任承担主体;另一方面要向公众提供更多了解页岩气开发环境信息的渠道,让公众更加了解页岩气的环境信息,作出民主的决策,促进公众环境权和决策权的实现。基于此,我国也可从以下几个方面多加努力,比如通过制定环境影响评价细则与规范、保障多方主体参与权来完善环境影响评价制度,通过完善信息披露立法和推行第三方信息公开模式来强化环境信息披露制度,通过完善特许权制度和动态监督企业开发行为来完善矿业权制度,通过定位价值和理念、细化法律规范以及建立排污权交易制度来全面建立排污许可制度等。

1.完善页岩气开发环境影响评价制度

完善页岩气开发的环境影响评价制度可以从两个方面着手。一方面,需要制定出与页岩气开发相关的环境影响评价细则和规范。内容需要包括以下 5 点:①明确环境监督的主体和环境评估的主体,页岩气开发的审批权可以归省级政府,同时需要明确环境影响评估机构的资质;②要明确环境评估的时间,只有经过专业环境影响评估以及参与者决策以后,行政机关才能许可开发项目的实施,并且项目实施以后,还需要定期对开发项目进行动态评估;③要明确战略环评的标准和方法,页岩气开发企业需要评价项目的环境风险,同时也需要评价政府的决策以及规划设计等相关的文件;④要明确环境评估的程序,需要严格按照 3 个步骤进行,即初步环评—确认评价指标和体系—正式环评,形成意见书;⑤明确责任承担的主体,对于环境影响评估机构来说,如果不按照开发企业的实际情况进行评估就要受到相应的行政处罚,尤其是开发企业在污染的防控技术、污染类型和数量以及环境风险的预防与控制措施等方面,对于开发企业来讲,要对企业所提供的环境信息的真实性承担责任,如果出现环评作假的情况,就要遭受相应的处罚,情节较轻的责令整改环境技术措施,情节严重的会进行罚款,甚至是取消已经通过审批的环境影响评价。另一方面,需要保障多方环评主体的参与权,环评方式需要经过论证与实证以后,主管机关可以批准纳入页岩气环境影响评价体系中。另外,可以借鉴美国的方式,通过多种方式让公众参与进来,比如民意调查、记者会、统一回复民众等,同时网络渠道也可以作为补充,比如微信、微博、官网等也可以向公众发布信息,监督多方环评主体更好地履行义务以及承担责任。

2.强化页岩气开发环境信息披露制度

强化页岩气开发环境信息披露制度可以从两个方面着手。一方面,需要完善页岩气开发环境信息披露相关的立法。首先,要坚持信息公开原则,对于开发企业来讲,有义务公开项目开发的环境信息,可以采用自愿公开与强制公开相结合的方式进行,比如页岩气开发所采用的水力压裂技术需要坚持强制公开原则,而对于其中的核心技术部分,比如压裂液的配方和比例涉及商业秘密,则可以适用自愿公开原则;其次,要明确披露的主体,由于页岩气开发有很多的程序,不同的程序所运用的技术不同,部分技术是通过外包途径实现的,因此还应该将企事业单位规定为披露的主体;再次,要明确规定环境信息披露的内容,页岩气开发前企业需要公开相关的信息,比如开发前开采地的环境情况,开采活动可能会引发的环境风险,环境风险的预防措施以及相关的应急预案等;然后,要对环境信息披露的时间进行规定,美国和加拿大对环境信息公开的时间规定各不相同,美国要求在开采的整个过程中公布压裂液的信息,而加拿大则是规定开采活动结束后 30 天以内公布,我国可以参考美国和加拿大的做法,并结合我国的实际情况,在开采前和开采后披露环境信息,方便政府部门进行检测和审查;最后,还需要规范信息披露的方式,目前,我国已经从多个方面、多种途径对环境信息进行公开,也有专门的网站发布页岩气开发信息,但是环境信息的公布还缺乏专门的网站,我国可以参考美国Fracfocus网站的做法对已有的网站进行补充和整合,使环境信息的公开更加透明、也更加全面。

另一方面,需要推行第三方信息公开模式。首先,从监督系统来看,可以参考美国建立的《有毒物质排放清单》,建立我国页岩气开发有毒物质排放清单,预防和监督页岩气开发的环境风险;其次,从信息公开平台来看,对于积极披露环境信息的开发企业可以给予奖励,比如给予政策方面的优惠或者是推广清洁项目等,对于不予公开环境信息的开发企业,可以通过强制性的手段进行处罚,比如罚款或者行政处罚等;再次,从信息反馈来看,针对公众和评估机构提出的信息公开要及时进行反馈,政府需要监督开发企业进行环境信息的披露监督,促进环境信息公开的实现,如果开发企业违反了相关的法律法规,政府部门可以通过强制性手段来加以保障;最后,要保障公众的参与权和监督权,公众可以在政府部门和第三方主体的帮助下,积极行使环境参与权与监督权,对于危害生态环境的活动要及时提出建议。

3.完善页岩气开发矿业权制度

完善页岩气开发的矿业权制度也可以从2个方面着手。一方面,需要完善页岩气开发的特许权制度。首先,从监管主体看,可以成立特许机构给申请主体颁发矿业权权属证书,备案相关信息,并实行年审制度,当然矿业权权属证书的颁发需要审核相关的信息,比如矿业权权属情况、环境资质情况、企业安全管理能力以及环境保护措施等;其次,从特许权取得的程序看,申请主体可以通过招标程序提交申请表,特许机构经过审核后,取得探矿权与采矿权,同时需要缴纳资源税和资源补偿费;最后,从签订协议和担保书来看,申请主体在通过审核以后,便可以与特许机构签订探矿采矿协议,并对可能发生的各种环境风险,提交相应的担保书。另一方面,需要对开发企业的开采行为进行动态监督。开发企业想要取得页岩气开发的特许权,就需要具备安全生产、环境保护、风险预警以及应急处理等方面的资质,在页岩气开发过程中,特许机构、环保组织和公众需要共同对开发企业进行动态监督。开发企业需要将有关信息公布在指定的网站,主动接受环保部门、第三方机构和公众的监督,比如项目开发的进展、开发过程中面临的环境风险以及开发企业所采取的预防和控制环境风险的措施等信息。

4.建立页岩气开发排污许可制度

建立页岩气开发排污许可制度可以从3个方面着手。首先,从定位价值和理念来看,《控制污染物排放许可制实施方案》的颁布明确了排污许可制度的性质,也确立了排污权交易原则,在污染物排放许可的范围内,开发企业可以将没有使用的排污使用权进行交易。其次,需要细化排污许可相关的法律规范,从基本原则来看,需要坚持排污许可以及公开透明、权责清晰、社会共治等原则,明确政府部门的管理与监督责任;从政府的权责方面看,可以结合企业的规模与性质来确定,比如矿业权可以由国务院矿产资源管理部门来审核发放,排污许可证则可以由省级或者是市级环保部门审核发放;从排污许可的内容和时间来看,许可机关可以建立相关的污染物标准表,并通过环保部门和第三方主体及时更新相关的数据;从开发企业的责任来看,要明确规定开发企业进行自主申报和及时更新数据的责任,如果开发企业超时更新数据需要进行训诫,如果开发企业拒绝公开环境信息,就需要纳入征信系统,接受公众的监督。最后,明确建立排污权交易制度的条件,比如交易双方的主体都需要具有排污许可证,同时需要在污染管理信息平台登记;交易的污染物也应属于同一类污染物;交易方式可以通过建立一级、二级市场体制进行。在一级市场中,政府部门是参与者身份,在法律规定下政府可以对开发企业没有使用的排污权进行二次分配,而开发企业则可以选择储存或者出售;在二级市场中,政府部门是监督者身份,监督开发企业通过银行和环保部门实现排污权的交易。排污权交易要坚持合法性、程序性、公开性等原则,交易程序要受到行政部门的监督,行政许可机关同意后方可进行排污权的转移,同时交易双方主体需要在页岩气官网上公开相关的信息,以便接受公众监督。

第七章 国内外页岩气开发环境保护案例分析

一、国外页岩气开发环境保护案例分析——以美国为例

目前,全球已探明的页岩气可采储量约为 $457\times10^{12}\,\mathrm{m}^3$,已发现页岩气资源的国家多达 46 个,其中页岩气可采资源量排名靠前的国家有中国、美国、阿根廷、墨西哥、南非等。国外的页岩气资源开发时间比较早,尤其是美国的页岩气开采历史可以追溯到 1821 年,国外自 1982 年起也开始了页岩气开发的相关研究,因此国外的页岩气开采技术以及开发过程中的环境保护措施都值得我国参考和借鉴。下面以美国为例,谈谈国外页岩气开发环境保护方面的案例。

美国是世界上最早开发页岩气资源的国家,也是开发时间最长、开采技术最为先进、开发程度最高的国家。随着页岩气产业的迅速发展,各种环境问题也日益暴露。为此,各国也采取了不同的环境政策。美国在页岩气开发初期,在环境监管方面的措施主要是适用于与常规油气资源开发相关的环境监管体系,但是页岩气开发所采用的水力压裂技术会对生态环境造成严重的影响,导致页岩气开发的经济利益与环境保护之间产生了很大的冲突。后来美国调整页岩气开发的环境政策,增加了对页岩气的环境监管和信息披露方面的内容,美国与页岩气开发相关的环境法规主要体现在环境法规体系、针对水力压裂操作的《联邦压裂规定》以及美国部分州立法进展等方面。

早在 20 世纪七八十年代,在马塞勒斯发现了埋藏丰富的页岩气资源,2013 年的产量占据了美国页岩气产量的第一位。马塞勒斯页岩气的开采为美国提供了约 29 万个就业机会,创造了很高的经济价值和税收收入,但与此同时,也产生了很多的环境侵权问题、矿权纠纷问题以及其他一些与立法相关的问题。矿权纠纷方面存在的主要问题是土地权和矿权的分配不够合理,在页岩气开发的初期阶段,宾夕法尼亚州规定如果矿权所有人发现了天然气资源,只要在土地范围内,都可以自行开采。美国的矿产所有权是属于国家的,土地所有权是属于私有的,但是并不代表拥有土地的所有权就拥有了土地的矿业权,而开发页岩气必须经过地表,从而引发土地资源的归属纠纷。针对矿业权的纠纷问题,美国采取的是联邦和州分层管理的措施,联邦层面的土地矿产管理部门管理联邦土地上的页岩气资源;各州的土地矿产管理部门(自然资源部)管理各州土地上的页岩气资源。环境侵权责任方面的纠纷主要是页岩气开采造成的环境损害纠纷,比如水资源的大量消耗、地下饮用水源的污染、甲烷的泄漏、废气的

排放等,针对环境侵权责任纠纷,美国采取的是制定一套有效的管理制度。首先是确定环境侵权中的政府责任问题,比如如果是由于政府规划或者是政府监督不力造成了环境侵权,那么政府就需要承担对当地居民的部分赔偿责任。其次是环境侵权责任的认定和救济问题,开发企业对开采地的环境负有必然的责任,2011年的国家石油会议上,美国确立了负责任的矿产资源开采方式。关于环境侵权的救济方式主要是惩罚性赔偿,主要是惩罚那些做出极端无礼行为的被告人,在马塞勒斯页岩气开采过程中发生的环境侵权案件中,被告人承担的赔偿金额几乎都超过了受害人的实际损失。如果环境侵权行为是由于疏忽大意造成的,则可以适用补偿性赔偿,以此达到惩罚或者预防的目的。参考马塞勒斯的做法,我国可以完善矿业权制度,比如扩大矿业权的取得方式,体现自治原则,调整矿权使用的收费标准以及收费类型,区别建筑用地的规定等,还要避免矿权的重叠;同时也要完善环境侵权制度,比如扩大救济方式,加强理论制度研究以及强化判例作用等。

在页岩气开发的环境监管方面,美国俄亥俄州形成了一套环境保护、经济发展以及社会和谐兼顾的监管框架。首先是以州政府为主导的权力监管。执法依据主要包括联邦法律比如《清洁水法》《清洁空气法》,州法律比如《行政法》《州修订法》等;执法部门包括联邦政府、环保部门、农业部门、商业部门、土地管理部门、能源管理部门、州自然资源部以及州环境保护署等。其次是以社区为核心的权力监管。社区监督是为了补充政府监管的不足与空白,帮助政府制定出合理的环境监管规则,督促、配合执行相关的法律法规和制度,比如通过环境影响评价制度评估开发项目的风险,参与决策是否同意开发项目等,最终实现页岩气开发与环境保护的平衡,促进利益的合理分配。再次是以第三部门为辅助的社会监督。俄亥俄州页岩气开发中的第三部门有很多,比如非政府组织、高等院校、专业研究机构、环保组织等。在页岩气的开发前期阶段,第三部门扮演的角色是中立信息提供者,通过调查开发项目的环境影响,向公众普及环境保护方面的知识,培养公众的科学素养和监督能力。当环境纠纷发生以后,第三部门也会通过专业的纠纷解决技巧,帮助纠纷双方或者多方更好地进行沟通和谅解。最后是产业界推进的自我监督。美国页岩气开发过程中形成的是一种全社会层面、全产业链以及多元主体共同参与,预防与治理并重的监管架构。参考美国俄亥俄州的环境监管机制,我国也可以建立一套有效的环境监管框架,针对宏观环境管理、生产过程管理、水资源管理、空气污染控制、噪声监管、固体废弃物控制以及矿区环境修复等监管事项,指定主要的监管部门,并制定出相应的监管职责。

加州是北美大陆第一口商业油井的所在地,长期以来保持油气资源的优势,产出的油气量一直以来稳居美国第四,更为重要的是,加州实现了油气资源的开发与生态环境的共赢。加州油气资源监管的法律依据主要是油气资源法,包括以油气资源为名制定的专门油气法典以及油气资源活动适用的相关法律法规。加州油气资源监管执法体系主要包括3个层面:一是联邦油气监管机构,包括美国能源部、美国能源信息管理局、能源监管委员会以及相关的监管机构;二是加州油气监管机构,包括政府监管机构,比如油气监管的专门部门,以及其他与油气事项相关的管理部门,比如加州能源委员会、加州公用事业委员会、加州环保局以及州立地区水资源管理局等;三是独立的监管机构,比如能源监管委员会、各种行业协会、科研机构以及非政府组织、加州州立有关油气资源保护和生产的独立监督机构(州立共同保护油气资源和生产盟约、加州油气生产者资源保护协会)。监管内容主要包括3个方面:一是油田作业的环保监管,比如回注水作业的环保监管、对二氧化碳的捕集和封存的监管、稠油生产的环保监管等;二是非常规页岩油藏的监管;三是加州油气管道的监管。借鉴加州油气资源环境监管的经验,我国可以完善油气资源监管方面的制度,比如依据完善的法律体系来实现依法监管,分权下的集权监管模式,政府监管与石油企业管理进行分工与合作,设置专业的统一监管机构等。

1.美国马塞勒斯页岩气开发中产生的环境侵权以及制度的完善

全球经济的快速发展致使各国对能源的需求到达了顶峰,能源紧缺也成为了制约各国经济发展的重要因素。美国作为全世界开采页岩气资源最早的国家,也是最先实现页岩气商业化开采的国家,在页岩气开采技术以及页岩气的产量方面都有着惊人的优势,不仅有效地缓解了美国的能源安全问题,也促进了全球能源市场结构的改变。我国是一个能源需求大国,如果能够充分开发和利用页岩气资源,就能够改变我国的能源市场结构,进而促进我国经济的飞速发展。页岩气开采过程中比较常用的水平钻井和水力压裂技术,不仅运用要求高、操作难度大,更为重要的是容易造成环境污染。美国马塞勒斯早期的页岩气开采活动就造成了很多的环境污染侵权纠纷,后来美国政府逐步完善了相关的立法,不仅加强了环境侵权中政府方面的责任,还制定了独具代表性的惩罚性赔偿制度。另外,在矿产所有权方面,《矿产租约法》对页岩气的可租让性作出了规定;《联邦陆上石油天然气租借法修正案》详细规定了页岩气开采的法律程序;矿业权在"气随地走"的原则上合理地施加了一些限制条件,保障开采活动中对环境的保护以及资源的利用。我国不仅需要提高页岩气的开采技术,也需要防治开发活动造成的环境问题,同时还需要考虑页岩气开发中的私权保护问题。基于此,我国可以参考美国的《侵权责任法》《矿产资源法》《物权法》,结合我国页岩气开发相关的法律制度,并联系我国的实际情况,构建环境侵权方面以及矿权方面的制度。首先是完善页岩气开发活动相关的法律法规制度,比如建立矿业权制度、环境影响评价制度、排污权交易制度、排污收费制度等;其次是完善能源发展方面的法律法规制度,可以根据国家的政策以及国家的经济发展状况,由行政部门制定相关的法规,尤其是对能源开发过程中引起的私权侵害问题,民法方面可以细化具体的责任;最后是完善矿权方面的制度,比如严格控制矿权许可证的发放,要平衡矿权承包权与土地所有权之间的利益平衡,一旦发生冲突要能够采取有效的途径来加以解决。

1)美国马塞勒斯页岩气开发概况

页岩气作为一种清洁能源,是美国能源计划的重点规划之一。美国的第一口页岩气井要比北美其他地区的第一口油气井早38年,1821年在阿帕拉契亚盆地钻出第一口页岩气井后,美国政府便陆续出台了一系列扶持政策推动页岩气产业的发展。20世纪七八十年代,美国开始在页岩气开采中采用水平井技术和水力压裂技术,随后发现马塞勒斯蕴藏着丰富的页岩气资源。至2013年,马塞勒斯、巴奈特和海恩斯维尔3个地区的页岩气产量占据了全美页岩气产量的67%。美国能源信息署和国际能源署预计至2035年,美国的页岩气产量可以占据美国所有气产量的46%,由此可见,未来美国页岩气产业的发展不可小觑。美国大力开发页岩气资源改变了美国的能源供应结构,减少了对进口能源的依赖程度,减弱了油气价格的联动效应,加快了对旧能源的替代,同时也带来了很多的就业机会,促进了区域经济的快速增长。

据估计,美国已经探明的页岩气资源储量可以正常使用约90年,而且这个数字会随着开采的深入不断攀升,美国页岩气产业的快速发展对于全球各国的能源需求来讲都有十分重要的意义。

2)美国马塞勒斯页岩气开发中的矿业纠纷问题及其解决机制

马塞勒斯页岩气开发中的矿权纠纷问题主要是指土地权和矿权的分配不够合理,美国是资本主义国家,土地资源以私有制为主,土地所有权的主体有联邦、州以及个人。约58%的土地归私人所有,主要位于美国东部地区;约32%的土地归联邦政府所有,主要位于美国西部地区;约10%的土地归州和地方政府所有。美国西部的大部分矿产资源归联邦政府所有,美国东部大部分的矿产资源归个人所有,只有小部分归联邦政府和州政府所有。美国采用的是联邦和州分层管理的模式,联邦所有土地上的页岩气资源由联邦政府的土地矿产管理部门管理,州土地上的页岩气资源由各州的土地矿产管理部管理。页岩气开采活动需要经过地表,由此引发土地权和矿权之间的纠纷。得克萨斯州作为美国页岩气资源储量丰富的地区之一,在页岩气开发的初期阶段,该州的法律规定页岩气的矿权所有者拥有对矿权进行租让的权利,矿权所有者首先要向土地所有者提供开采钻井的通知,然后在取得土地所有者的同意之后才可以进行页岩气开采活动。一旦土地所有者同意了矿权所有者的开采之后,就无权干涉矿权所有者合情合理的勘探开发活动,即使造成了经济损失,矿权所有人或者是承租人都无需进行经济赔偿。但是针对合情合理的认定,双方的认定标准不同,比如有的勘探开采活动对于矿权所有人或者承租人来讲是合情合理的,但是对于土地所有人来说已经超出了合理的范围,侵犯了他们的利益,由此增加了彼此之间的矛盾。

针对页岩气开发过程中的矿权纠纷问题,美国也完善了相关的制度。比如1920年颁布的《矿产租约法》将页岩气归类为"可租让矿产",联邦政府可以把矿产资源的开采权租给美国公民,但是如果是外国主体想要获得矿产资源的开采权,就需要得到美国内政部长的批准,然后只能通过控制股权的形式获得。联邦政府一般通过竞标的方式出让矿产资源的矿业权,申请人中标后缴纳相关的费用便可以获得矿业权,如果是尚未探明的矿产地,则需要向政府申请得到探矿权以后方可进行开采活动,同时需要缴纳租金和权利金,防治矿产资源的浪费与流失,同时也是为了更好地维护国家利益。采矿者在获得政府的开采批准以后,还需要提供1万美元以上的契约金,用于保障开发活动中遵守相关的租赁条款和环境保护条款。如果在1年之内都没有发现可开采利用的油气资源,则需要进行深度超过2000ft的钻井作业;如果在规定的期限内没有完成开采活动,延期最多不超过2年。一般第一次租赁矿产的时间为20年,其中石油和天然气是10年的期限,期满后如果能够获得土地管理局的批准,便可拥有1次延长期限的机会。1987年通过的《联邦陆上石油天然气租借法修正案》规定,林务管理局有权参与决定含有石油和天然气矿产的土地的租赁权,同时进一步细化页岩气开发的相关法律程序。美国页岩气资源的租赁主体有3种:一是美国公民;二是美国的机构;三是符合美国法定条件的外国人。土地租赁权的取得一般有两种方式:一种是竞标的方式,美国48个州的2560亩(1亩=666.67m^2)以及阿拉斯加范围的5760亩土地都必须采用竞标的方式进行租让;另一种是非竞争的方式,美国大约有10 240亩土地不需要通过竞争的方式招标,这种招标方式的前提是招标人的出价未能达到招标法规定的最低标价。2010年得克萨斯州考虑到环境保护问题,发布了页岩气开发的临时禁令;2011年9月重新公布了页岩气开发的新规则,增加了一些关于环境保护和土地资源保护的法令,比如《美国联邦环境法》《资源保护和恢复法》对土地所有者的权利和义务作出了具体的规定,并对矿权所有者和承租人的开采行为进行了限制,从而更好地保障土地所有者的合法权益。

3)美国马塞勒斯页岩气开发中的环境侵权及其解决机制

随着页岩气产业的发展,页岩气开发造成的环境问题也日益暴露出来。页岩气富集在泥页岩孔隙内,需要施加很大的压力才可以排出。页岩气一般有两种状态:一种是吸附状态,另一种是游离状态。游离状态的页岩气在开采和收集方面都有很大的难度,在开采过程中也会造成各种环境损害问题。首先是水资源的大量消耗问题。页岩气开采通常使用水平井技术和水力压裂技术,采用水平井技术每口井需要消耗$(100\sim400)\times10^4$加仑(1加仑=3.7854L),也就是$(0.38\sim1.51)\times10^4 m^3$的水量,相当于水力压裂及时耗水量的$60\sim100$倍。据统计,马塞勒斯页岩气开发中钻井的平均用水量大约是388×10^4加仑,也就是$1.5\times10^4 m^3$的水量,其中水力压裂的耗水量占据了98%左右。其次是对饮用水造成的污染。在页岩气开采过程中,采用水力压裂技术需要使用压裂液,各种表面活化剂、化学添加剂和大量的砂石注入气井后会产生返排液,返排液中不仅含有各种有害的化学物质,还包括高度矿化的地层水,会给开采地居民的饮用水源造成严重的污染。比如马塞勒斯地区页岩气开采的初期就造成了开采地附近地下水资源和蓄水层的污染,马塞勒斯地区由于地质特殊,需要开凿的力度比较大,虽然每次注入的压裂液占总水量的0.5%,但是总体下来也有多达2.5×10^4加仑的压裂液。这些压裂液会随着返排液返排到地面,造成地表水和地下水的污染。2009年宾夕法尼亚州就发生了压裂剂污染地表水的侵权事件,接着俄亥俄州和路易斯安纳州也相继出现了饮用水污染问题。2010年马塞勒斯页岩气附近的很多居民出现了身体不适的状况,同时还出现了大量牛和鱼类的死亡,州环保部门当即对马塞勒斯1944口页岩气井进行了检查,发现问题多达1218起。甲烷的泄漏和废气的排放也造成了大气环境污染,据相关数据统计,马塞勒斯蓄水层中甲烷对饮用水的污染程度是普通饮用水的17倍多。甲烷进入水后虽然不会对人体的健康造成损害,但是容易引起火灾和爆炸。2009年宾夕法尼亚州东北部莫迪克小镇的一户居民家中的水井在甲烷泄漏之后就发生了爆炸事故。同时,开采过程中使用的大功率柴油机、交通工具、大型机械设备等,都会排放大量的废气,从而影响大气环境,严重的还会使人致癌。

针对页岩气开发过程中的环境侵权纠纷,美国政府也做了大量工作,尤其是加强了环境侵权过程中政府责任的认定。首先,联邦层面有关页岩气监管的法规主要有4个方面:一是水资源保护方面的法规,比如《清洁水法》《安全饮用水法》;二是气体排放方面的法规,比如《清洁空气法》;三是废弃物管理方面的法规,比如《资源保护和回收法》;四是有害物质处理方面的法规,比如《1980年综合环境反应补偿与责任法》等。由于页岩气开发对技术方面的要求非常严格,容易造成的环境污染也可能更加严重,地方政府也根据自身的情况采取了相应的措施。比如2010年纽约州发布了页岩气开发的禁令,2011年9月重新公布了页岩气开发的新规则;2011年新泽西州也发布了停止使用水力压裂技术的禁令,重新评估页岩气开发的环境影响;怀俄明州、路易斯安纳州以及科罗拉多州等州也针对页岩气开发出台了很多新的法规。《美国能源法案》《美国联邦环境法》中增加了环境侵权责任认定的内容,尤其是针对政府监督和规划不力造成的环境损害需由政府承担赔偿责任。2012年《清洁空气法》修改后增加了页岩气开发的相关内容,比如压裂液的化学成分必须经过审查合格以后才可以使用,同时采用水力压裂技术的气井需要减少有害气体的排放量。其次，关于环境责任的认定，美国最初实行的是原告人举证的法律程序，但是随着页岩气产业的发展，引发的环境问题也越来越多，举证也显得更加专业和隐蔽，导致举证的难度大大增加，这种环境责任认定的方式对于民众来讲就显得很不公平。对于页岩气开发企业来讲，势必是负有环境责任的，如果开发行为给当地居民造成了经济损失或者身体健康方面的损害，是应当负有赔偿责任的。新《美国联邦环境法》、《资源保护和恢复法》也通过立法的形式提高了页岩气开发企业的技术门槛以及开发行为造成环境损害的责任承担。2011年的国家石油会议确定了页岩气开发负责人开采的基本方针；2011年7月针对石油天然气开发造成的空气污染提出了保护空气的修订提案，同时也适用于页岩气开采行为；2012年4月联邦政府声明能源开发由政府统一协调。最后，环境侵权的常用方式是惩罚性赔偿，在有毒物侵害中的适用程度最高。在页岩气的环境侵权案件中，一般都是返排水引起的污染侵害，这种诉讼被称为"有毒物质侵权诉讼"，开发企业一般都是承担了超过受害人实际损失的赔偿金额。惩罚性赔偿一方面是为了惩罚被告的侵权行为，另一方面是为了防止再次发生类似的问题。当然，如果被告人没有在侵权行为中受益，就只需进行补偿性赔偿，以此达到惩罚和预防的目的。

另外，针对页岩气开发的环境问题，联邦政府和地方政府还制定了一些其他的相关立法，比如环境影响评价制度。1969年颁布的《国家环境政策法》规定，页岩气开发必须事先经过环境影响评价程序。联邦政府针对《环境影响报告书》的制定进行了详细的规定，主要内容包括4个方面：一是政府部门需要制定页岩气开采项目评价书，并对外公布方便公众和社会组织审查，如果评价书审理通过，便可以编写环境影响报告提交给州政府；二是需要在经过公众讨论和收集意见以后再制定开发项目的评价书，以此提高公众的参与度；三是报告书的初稿是由承担页岩气开发的机构编写，内容必须包括开采的替代方案和关于这个替代方案内容的说明以及相关的解释；四是初稿需要在《联邦公报》上公布来征询公众的意见，汇总后向项目的领导机构进行反馈，然后把意见纳入报告书，如果30天内没有其他意见则可以形成定稿。通过环境影响评价制度，页岩气开采行为的参与者也变得更加多元化，环境管理制度也变得更加合法、更加有效。2010年纽约州生态环境部制作了页岩气环境影响报告书，也对页岩气开采的相关禁令作出了规定；次年纽约州发布了页岩气开采的新规则；2011年新泽西州发布了水平井压裂作业的禁令，重新评估了页岩气开采的环境影响；2011美国环保署制定了有关空气法规的一系列措施，其中包括页岩气开采中的钻井污染和排污问题的相关措施；2012年针对非常规天然气资源开发，国防部和内务部组成了的一个工作组，协调资源开发过程中的政策。除了制定环境影响评价制度，美国政府还出台了一系列能源开发方面的补贴政策，1978年颁布的《能源税收法案》和1980年颁布的《原油暴利税法》中不仅规定了税收津贴，还对1979—1993年间的能源开发作出了税收减免和税收优惠的规定；1990—1992年施行的《税收分配的综合协调法案》扩大了对非常规能源的补贴力度。2004年颁布的《美国能源法案》中规定，至2014年，政府将每年投资4500万美元用以研发页岩气开采技术。此外，州政府也进行了与页岩气相关的立法与实践活动。比如马塞勒斯地区在实现页岩气的商业化开采以后，就对与页岩气开发相关的立法进行修改和完善，主要包括3个方面的内容：一是为了防止地下水的污染，压裂井内壁的质量与使用要达到一定标准；二是为了保障公众的知情权和参与权，开发企业需要向公众披露水力压裂技术的使用情况，比如压裂液的化学成分等；三是为了避免造成环境污染,需要规范废气废水的处理方式。

2.美国俄亥俄州页岩气开发的环境监管机制

对于页岩气开发的环境监管,美国政府采取的是以市场为基础、多角度综合考虑的监管方式,其中俄亥俄州的环境监管更具特色。俄亥俄州的页岩气资源十分丰富,页岩气产业比较活跃、人口密度较大、农业发展较好。随着页岩气产业的快速发展,页岩气开采带来的环境问题日益暴露,比如地下水渗漏污染以及地表水资源的污染影响了农业用水和生活用水,也直接影响了农产品的安全以及居民的身体健康;甲烷的泄漏和温室气体的排放超标严重影响了大气环境等,俄亥俄州的居民也开始关注页岩气开发的环境影响问题。经过多年的开发和经验的积累,俄亥俄州政府构建了一套比较理性的监管机制,主要体现在3个方面。监管主体包括政府、社区、第三部门以及产业界;监管方案需要依据项目的实际情况以及当地居民的利益诉求,由利益相关者共同协商决策,制定最优方案;监管规则上增强了宏观战略性控制,同时增加了指导性规范。总体来讲,以预防为主,综合防治,促进环境保护与社会经济和谐发展。

1)联邦和州政府共同监督,多部门联合执法

俄亥俄州政府对页岩气开发持支持态度,同时也比较重视对项目的监管,比如项目许可的颁发、开发过程的督查与抽检以及相关投诉和举报的受理等。页岩气开发环境监管的执法部门主要包括两个层面:一是联邦层面的执法部门,包括联邦政府内政部、生态环境部、农业部、商业部、土地管理局、能源局等,执法依据主要有《清洁水法》《清洁空气法》;二是州层面的执法部门,包括州自然资源部、州环境保护署以及州健康部等,执法依据主要有州《行政法》《州修订法》。在页岩气开发的环境监管方面,联邦政府和俄亥俄州政府的分工比较明确,并且彼此之间相互配合执法。从监管事项来看,主要分为以下七大类。

(1)宏观环境管理方面,主要是州政府监管,监管部门包括州自然资源部和州环境保护署,州自然资源部的执法依据是《州修订法》第1509节和《州行政法》第1501节,负责钻井的选址、规划设计、建设和运营,发放钻探、水压裂开采、钻井改进的许可证等;州环境保护署负责开发项目的环境影响评价,包括发布环境影响报告、征集公众和社会组织意见,依法检查开采活动等事项。

(2)生产过程管理方面,主要是州政府监管,监管部门包括州自然资源部和州环境保护署。州自然资源部负责钻井安全生产,监督开发企业及时、如实地报告项目相关情况,负责完井修复以及环境污染信息的披露等事项;州环境保护署负责监督项目开发全过程的环境影响,并在发生泄漏事故时配合州自然资源部完成应急响应。

(3)土地资源管理方面。关于土地资源的利用,由州政府和联邦政府共同监管,州自然资源部需要根据城乡差别来确定作业区域与居民生活区域之间的间距,然后制定出收费的标准,并推广土地利用的最佳管理实践;州环境保护署则需要受理页岩气开发过程中与土地污染相关的投诉,监督开发企业纠正违法行为,并进行相应的处罚。另外,联邦政府也需要对部分事项进行监管,比如涉及到联邦土地,需要主管土地的租约和开发合同的签署,同时也需要受理联邦土地污染方面的投诉。关于土地资源的修复,也是由州政府和联邦政府共同监管,州自然资源部负责完井后的土地整理、植被恢复等工作,涉及联邦土地的部分也需要联邦政

府负责项目完毕后的土地修复工作。

(4)水资源管理方面,主要涉及6点。①取水登记由州政府和联邦政府共同监管,州自然资源部负责对日取水量超过10万加仑的钻井项目进行核准注册,并发放取水许可,执法依据是《州修订法》第1521·6节;联邦政府负责监管管辖区域内的河流湖泊,并由相关部门来颁发取水许可。流域取水由州环境保护署负责监管,根据《圣路易斯湖盆地水资源协定》,禁止以油气开发为目的抽取盆地流域地下水。②公共系统取水由州政府监管,州自然资源部负责确定开发项目的取水额度,州环境保护署根据《州行政法》第3745·95节的规定,监督开发企业从饮水系统中取水时必须加装防污染设施。③水污染控制由州政府和联邦政府共同监管,州自然资源部负责确定钻井周边地下水和地表水的水质要求,州环境保护署负责审核和颁发开发项目建设许可证,执法依据是《俄亥俄州水质认证标准》第401节;如果开发活动会影响到联邦政府管辖内的湿地、溪流以及地表水时,由联邦政府颁发项目许可证,并负责监督施工,执法依据是《联邦清洁水法》第404节。④雨污管理由联邦政府监管,根据《清洁水法》颁布雨污管理许可,鼓励采用最佳物料堆积方法,防止雨水造成污染物扩散。⑤生产废液管理由州政府监管,州自然资源部负责监管钻探过程中产生的废液,比如一般的废液和危险的废液在处理方式上是有区别的,并且含有放射性物质的废液需要由辐射保护局进行管理,如果开发企业违法排放废液,需要进行排污收费并进行行政或者刑事处罚;当废液发生泄漏,州环境保护署则需要与州自然管理部共同进行应急响应。⑥废液运输由州政府监管,州自然资源部负责审核发放废液运输的资质,保证承运化学液体和生产废液的运输者的资质;当废液在运输过程中发生泄漏,州环境保护署需要配合州自然资源部共同进行应急响应。

(5)空气污染控制方面,由州政府监管,州环境保护署负责颁发建设和运营许可证;监测开发过程中可能产生的大气污染,尤其是天然气泄漏造成的大气污染。

(6)固体废弃物控制方面,由州政府和联邦政府共同监管,州自然资源部负责管理钻探过程中产生的固体废弃物处置。一般废弃物和危险废弃物在处理方式上是有区别的,并且含有放射性物质的废弃物需要由辐射保护局进行管理;州环境保护署负责监督具有污染性质的固体废弃物的最终处理,并审查废弃物再次利用和无害化处理的资质条件,督促开发企业制定防止泄漏的预案,并且要及时报告和披露固体废弃物污染事件,执法依据是《防止泄漏及对策管理条例》;联邦政府负责监督开发企业对钻探废渣的处理,包括处理的流程、方式以及标准等,执法依据是《危险废弃物管理条例》。

(7)污染修复基金方面,由州政府监管,州自然资源部负责处理污染事故发生后无力赔偿的情况,并督促建立项目的污染修复基金。从以上内容可以看出,美国的联邦政府和俄亥俄州政府在页岩气开发过程中建立的环境监管框架是十分全面的,不仅有行政决定、许可、处罚以及强制手段等,也有信息公开的方式作为辅助,还有正当的程序作为保障。

2)社区维权监督,第三部门辅助监督,产业界自我监督

除了联邦政府和州政府的监管外,社区监督、第三部门监督以及产业界的监督都是俄亥俄州页岩气开发过程中环境监管的重要组成部分。

社区开展的维权监督主要用来弥补政府监管的不足和空白。虽然俄亥俄州建立了比较完善的政府监管框架,但是在具体的执行过程中还会出现各种各样的问题,直接影响到社区的权益,比如造成社区供水紧张、水资源污染、空气污染、土壤污染、噪声污染等,甚至引发地

震,社区有必要开展以维权为目的的监督,促进页岩气开发与环境保护之间的平衡,也合理地维护自身的合法权益。社区可通过以下几个途径进行监督:首先,通过公众政策评论、听证会以及环境影响评价制度来评估页岩气项目的环境风险,并做出支持与否的决策;其次,以协议的形式来确保项目开发的利益能够惠及社区;再次,通过多种渠道监督项目的合法与合规性,既要防止开发企业对页岩气资源的过度开发,也要防止开发活动可能引发的各种环境污染行为,如果发生了污染行为,可以通过诉讼的形式来实现权利的救济;最后,通过完井修复监督,保障土地资源的复垦和修复状态。

第三部门开展的监督,主要是针对页岩气开发中比较专业性的事项,公众对于专业性的环境污染以及环境监管方面的知识是比较欠缺的,同时还缺乏专业的谈判技巧,无法从宏观角度做出长远的发展决策,这种情况下就需要第三部门的辅助。俄亥俄州的第三部门主要包括一些高等院校、专业性的研究机构、环境保护组织以及非政府组织等。首先,在页岩气开发初期,第三部门会对开发项目的环境影响进行调查,并对公众普及环境保护方面的知识;其次,在页岩气开发过程中,第三部门会通过学术研究来支持政府监管和社区监督;最后,在环境纠纷发生以后,第三部门会通过专业的沟通技巧来帮助解决环境纠纷,促进利益双方的沟通、谅解以及合作。

产业界开展的自我监督主要是指页岩气开发公司以及页岩气行业协会组织开展的管理实践,通过实践范例进行自查自纠,达到实现自我监督的目标。产业界出台了一系列有关油气开采的行为指南,主要内容包括以下几点:首先,指南要对社会公众公布,一方面方便开发企业开展自查自纠,另一方面方便公众查询了解后更好地开展监督工作;其次,产业界需要开展相关的培训,推广开发实践活动,制定行业相关的环境认证标志,帮助公众鉴别优秀的开发企业、开发项目以及环境监理方;再次,产业界可以通过会议和演讲的形式分享行业内的优秀管理经验,通报失败的案例,并在提升整个行业技能水平的同时对违规操作的后果加以警醒;最后,产业界还可以通过集体游说的方式影响政府决策,通过宣传优秀事例改善公众对页岩气开发的认知。

3)美国俄亥俄州页岩气开发环境监管对我国的启示

参考美国俄亥俄州页岩气开发过程中采取的环境监管措施,我国在页岩气开发的环境监管方面也可从以下两个方面加以努力。

一方面,可形成以环境问题为导向的监管框架,参考俄亥俄州以政府为主导的监督方式,根据监管事项可以分为8类。①宏观环境管理:由生态环境部门和自然资源部门共同监管,负责制定环境保护方案,指导废水、废气和固体废弃物的处理,实施土地保护和复垦计划、修复生态环境以及实施环境影响评价制度等。②生产过程管理:自然资源部门负责宏观管理整个开采过程,安全监管部门负责安全生产监管,安全生产应急救援指挥中心和地方政府应急办领导;企业和地方的专业救援队负责执行安全生产事故救援。③土地资源管理:自然资源部门负责办理开采项目临时用地和正式用地的使用权手续,确定矿业用地的退出程序,协调矿业用地与居民生活用途之间的关系,监督开发企业制定土地修复和复垦的方案,并缴纳相关的费用,执法依据可以参考《土地管理法》《矿产资源法》。④水资源管理:取水管理由水利部门监管,负责制定年度用水计划和水资源总量控制计划,并确定工业用水定额;节约利用由水利部门监管,负责审查项目取水许可的申请与更新,审查项目水资源论证并严格执行,审查项目的疏干排水、按需取水;管理节约用水,实施水资源补偿措施等;污染控制由水利部门监管,负责监督管辖区域内的地下水水位和水质,生态环境部门监督加装水污染处理的设备,依法查处水污染相关的违法行为。⑤空气污染控制:由生态环境部门监管,负责监督开采过程中的甲烷排放、挥发性物质排放以及有害空气污染物的排放等,监督开发企业安装气体收集设备和空气净化装置。⑥噪声监管:由生态环境部门监管,负责监督开发过程中的噪声污染,执法依据主要是《环境噪声污染防治法》。⑦固体废弃物控制:一是固体废弃物的管理,开发企业要想生态环境部门如实申报矿区固体废弃物的相关资料,并提供危险物品转移的计划,生态环境部门需要对这些固体废弃物进行登记,并制作危险固体废弃物的转移报告;二是尾矿管理,由自然资源部门监管,负责尾矿的建设与管理,执法依据是《尾矿库建设及安全技术规范》。⑧矿区环境修复:由自然资源部门监管,负责矿区的水土保持、土地复垦以及矿山环境恢复治理等事项。

另一方面,在环境监管机制的设计方面,我国可以参考俄亥俄州多层级和多利益相关方的监管框架,积极引入社会组织和产业界的监督,补充政府监督的不足与空白之处。首先,要丰富社会监管的参与渠道,促进多方利益相关者之间的沟通与理解;其次,要整合多个监管部门的职能,鼓励第三部门参与页岩气开发的环境监管,辅助政府监管和社会监督的开展;再次,要加强对页岩气开发相关知识的宣传普及,促进公众对页岩气开发的了解;最后,鼓励分享页岩气开发的优秀案例,出台开发的最佳管理实践指南,提升我国页岩气资源的开发效率等。

3.美国加州非常规页岩油气藏监管研究

美国加州的页岩油气藏有巨大的储存量,主要分为浅层的硅藻土页岩和深层的蒙特利页岩两种。硅藻土页岩石油的大规模开采会给环境带来很大的危害,比如地层发生沉降和陷落,套管被严重破坏,油和水泄漏污染地表土壤与水层、破坏整个生态循环系统等。加州油气监管局也十分重视硅藻土页岩油田开采的环境保护问题,督促油气公司采取有效措施来预防环境问题的发生,油气公司也积极采用新技术来防范环境风险。深层的蒙特利页岩开采的难度较大,需要投入的成本较高,导致无法实现大规模的开采,开发过程中面临的难题有很多,比如烃源岩是不能无规律地破坏的,但是在开发过程中会有大部分的油气资源停留在烃源岩内,同时会造成各种环境问题,比如地下水资源污染、河流污染以及引发地质灾害等。针对这些问题,加州也采取了很多措施来保障页岩气资源的顺利开采,主要体现在监管立法方面,加州政府在联邦立法的基础上制定了更为严格的监管政策,以《水力压裂和酸化油层激励生产法案》为主,对原有加州油气法规的部分条款进行了修改和完善,同时针对页岩气开发制定了一些新的条款。参考加州页岩油开发的环境监管经验,我国也可以完善页岩气开发的生态监管机制,比如对《矿产资源法》进行修订,突出矿产资源开采过程中环境责任的重要性;加强油气加压灌注作业方面的监管立法,建立注入物质信息公开机制,完善事中监管机制,建立专业油气监管机构等。

1)美国加州非常规页岩油开发概况

浅层的硅藻土页岩油藏是一种海成相油藏,埋藏深度有200~2000ft。加州最具代表性的硅藻土页岩油田是Midway-Sunset油田,也是加州最大的油田,该油田早在1890年就被发现了,目前该油田有 10 839 口生产井。硅藻土页岩石油的大规模开采会给环境带来很大的危害,主要体现在以下几个方面。一是发生地层沉降或者陷落的情况。硅藻土页岩油田主要是采用水力压裂、热蒸汽驱油以及注蒸汽周期生产法进行开采,长期的水力压裂和高产之下,开采地的地层就会被严重破坏,进而发生沉降和降落。比如加州某油气公司在 2013 年就发生了一起生产安全事故,一员工不慎踏入了隐藏的洞穴,被高温蒸汽烫死。二是套管会被严重破坏,硅藻土页岩油开发过程中,由于地层沉降或者陷落,导致大多数套管发生压缩变形,进而出现泄漏的现象,因此油井在使用 5~10 年后,就需要进行封井。三是油和水的泄漏导致地表土壤和含水层的污染。在油气生产过程中,会有油污或者废水排放到地面,进而造成显性的土壤污染和水资源污染,与此同时,还会有部分油和水泄漏到地层中,从而造成隐形的生态循环系统的破坏。为此,加州油气监管局也十分重视硅藻土页岩油田开采的环境保护问题,督促油气公司采取有效措施来预防环境问题的发生,油气公司也积极采用新技术来防范环境风险,比如通过大面积安置倾斜器测算地层变化,或者通过卫星图像监测作业区变化等。以加州某硅藻土页岩油田的开采为例,该油藏的井深约为 1000ft,渗透率非常低,并且压缩率极大、油气比率也较低,同时硫化氢的排放极其严重,初期产量低至每日几十桶。后来油气公司加强了与加州油气监管局的合作,并且重视油藏开发技术以及环保技术的研发,极大地提高了页岩油的产量,由 1970 年的每天几十桶增加到 2003 年的每天几万桶。具体的措施如下:首先,油气公司的工作人员会全程跟踪油气生产的相关数据,全面掌握开采前后油藏的变化以及剩余油量的饱和度;其次,油气公司在早期采取了注水采油法,同时掌握了油藏压力测试以及注水后剩余油饱和度,有利于对新钻井的定位和监控;再次,加州油气监管局在油气公司提供报告的前提下,同意更改法律规定的最低井距限度,有效地增加了井密度,同时增加了很多水平井,采用有选择性的水力压裂和最新的开采技术;然后,加州油气法规规定每个注水井每 2 年需要进行 1 次井套管压力测试,但是普通的测井器无法达到硅藻土页岩油田的注射层,加州油气监管局特批在井套管上安装先进的激光电线,便于精准地搜集注水和套管信息;最后,该油藏在经过三四十年的开采后,含水率已经超过了 90%,注水驱油法无法继续采取油气。因此自 2008 年起开始使用蒸汽驱油法,但是这种方法会产生大量的硫化氢,所以加州油气监管局要求在井口安装硫化氢警报设备,既保证了生产效果,也很好地预防了硫化氢事故的发生。

深层的蒙特利页岩是一种烃源岩,埋藏深度有 7000~10 000ft。据加州地质调查局估计,加州蒙特利页岩油的储量约为 15.4 亿桶,但是开采的难度较大,需要投入的成本较高,导致无法实现大规模的开采。因此,美国能源信息局重新对加州蒙特利页岩油的储量进行了估计,得到其技术可采量约为 6000 万桶。蒙特利页岩油藏的开采主要采用水平井、水力压裂以及酸化刺激处理等方式进行,受开采技术和开采成本方面因素的影响,油气公司对蒙特利页岩油的开采持谨慎态度。蒙特利页岩油的开发还面临着很多难题,主要体现在两个方面。一方面,烃源岩的渗透率非常低,在开发过程中会有大部分的油气资源停留在烃源岩内,而烃源岩是不能无规律地破坏的,因此需要针对性地确定开采方案,比如烃源岩与常规油气藏相连的时候可以采用引导方式开采,如果相互之间没有关联,再需要采用针对性开采的方式,才能充分开发油气资源。另一方面,油气开采会造成环境破坏,蒙特利页岩主要采用的是水力压裂技术和水平井技术,会直接到岩石层,从而造成水资源的污染,甚至会破坏开采地的地质结构,引发地震等地质灾害。

2)美国加州非常规页岩油开发的相关立法

为了更好地开采加州的页岩气资源,加州政府也采取了很多措施来加以保障。首先是加强了加州页岩气监管立法,在联邦立法基础上制定了更严格的监管政策。2009年颁布了《水力压裂试行法规》,并于2015年6月实施,为页岩气开采活动的监管提供了依据;2013年颁布了《水力压裂和酸化油层激励生产法案》,该法案包括"水力压裂法""酸化作业法"两部分,为深层页岩气的开发和保护提供了依据,同时也保障了当地居民的身体健康和环境安全。该法案有4个基本原则:一是将加州油气监管局设为页岩气的监管机构,在法律许可的范围内,可以制定页岩气监管的具体规范以及标准;二是细化加州油气监管局的职能,作为页岩气开发的监管执行部门,负责审核颁发许可证,并对页岩气开发项目进行现场监管;三是加州油气监管局在执法过程中必须尊重并保障公众的知情权;四是要求加州水力监管局在2015年8月1日之前必须建好地下水资源变化的模拟系统。该法案的内容主要包括两个方面:一方面是修订加州油气法的原有条款,比如第1715条、第1761条以及第1777.4条等;另一方面是增加了页岩气开发相关的新条款,比如第1780条、第1781条、第1782条、第1783条、第1783.1条、第1783.2条、第1783.3条、第1784条、第1784.1条、第1784.2条、第1785条、第1785.1条、第1786条、第1787条、第1788条以及第1789条等。

3)美国加州非常规页岩油开发对我国页岩气开发环境监管的启示

目前,我国页岩气开采主要采用的技术还是水平井技术和水力压裂技术,同样面临着各种各样的环境风险。与此同时,我国已探明的技术可采的页岩气埋藏地区主要集中在西南和西北地区,大多是一些水资源比较贫乏的地区,比如四川盆地、鄂尔多斯盆地等,造成的环境威胁更加严重,包括加大开采地区的水资源压力,威胁开采地区的生态环境,国有投资和社会投资相结合的方式也会严重减弱开采企业自我监管的动机。虽然我国环境保护方面的立法比较健全,与页岩气相关的法律法规也日趋完善,但是仍然缺乏与页岩气开发相关的专门性立法。我国水污染物排放监管的执法依据主要是《污水综合物排放标准》,对于页岩气生产高危环节的环保监管法律法规还是比较滞后的,作为油气生产监管部门的环保部门执行力度较弱。

参考加州页岩油开发的环境监管经验,我国也可以完善页岩气开发的生态监管机制。首先,对《矿产资源法》进行修订和完善,可以通过专门的章节来明确采矿作业的环境责任,提升矿业产业的环境意识,突出矿产资源开采过程中环境责任的重要性。其次,要加强油气加压灌注作业方面的监管立法,建立注入物质信息公开机制,完善开发中的监管机制,健全与之相关的法律标准,将环保监管贯穿于整个开采过程,并且每个生产环节都应该申请相应的生产许可证,经审核通过以后,进行现场监督管理。最后,要建立专业的油气监管机构,国外许多国家都已经建立了比较高级别的油气资源集中管理模式,比如加拿大、美国、俄罗斯、澳大利亚等国。不管是否成立专门的油气监管机构,统一油气监管的职能,开展专业专职是十分必要的。油气生产的监管需要由具备油气知识的专业人员开展,并且要按照油气生产流程的设计,遵循同时施工、同时监管以及同时处理的原则,实现油气生产过程中各个生产要素的监管。

二、国内页岩气开发环境保护案例分析

页岩气资源的开发利用对于我国能源的可持续发展有着重要的意义,它不仅能够缓解国家能源紧张局势,保障国家能源供应与能源安全,而且能够满足能源消费需求,促进节能减排,实现能源的可持续发展。我国页岩气开发中存在的环境问题主要表现为水资源浪费与污染、大气污染、土壤污染以及噪声污染等方面,目前我国没有针对页岩气行业的专门性法律。对于页岩气开发过程中所产生的环境问题,主要参考两类法律法规:第一类是综合性矿产资源法,比如《中华人民共和国矿产资源法》《中华人民共和国矿产资源法实施细则》等;第二类是环境保护相关的立法,比如《中华人民共和国环境保护法》以及各类污染防治单行法。我国页岩气开发环境保护法律制度存在的问题主要体现在3个方面:一是相关的环保法律法规不够完备;二是相关的环保制度安排不够全面;三是相关的环保制度监督执法力度有待加强。为了更好地促进页岩气产业的发展,我国需要不断完善页岩气开发相关的环境保护法律法规和标准,建立页岩气开发环境保护制度的框架,加强对页岩气开发的环保监督等。下文将以我国页岩气开发中环境保护的成功案例来进行分析。

1. 四川盆地页岩气开发的环境监管问题以及对策

我国最具有开采价值的页岩气储藏区位于四川省,该地区页岩气资源的储藏量和技术可采资源量都位居全国第一,共有4个页岩气勘探开发区块,涉及20多个县市。目前,四川地区在页岩气开发过程中还存在很多的难题,比如开采技术需要突破、环境保护有待加强、管理体制不够健全、管网垄断问题比较突出、缺乏有效的激励机制及开采的成本过高等,环境问题已经成为了阻碍四川盆地页岩气产业发展的主要问题。在监管方面,四川地区的页岩气开发仍然是采用传统的能源监管模式:以环保部门为核心、其他部门配合监管,这种监管模式下导致各种问题的产生,比如监管部门的职能分散交叉、缺乏统一的监管机构,环境监管的信息不对称、缺乏有效的共享机制,社会组织参与的渠道不明确、缺乏实践的诉讼机制,环保部门的宣传力度不够、缺乏公众的理解与支持,环境监管体系不够健全、缺乏落地的监管制度等。针对以上种种问题,四川省政府需要对部门的职能进行重新定位、设定统一的监管机构,公开环境监管信息、建立有效的共享机制,明确社会组织的参与渠道、践行公益的诉讼机制,加强环保理念宣传、获取公众的理解和支持,改进环境监管体系、完善落地的监管制度等,让四川盆地页岩气开发的环境监管成为其他地区效仿与学习的对象。

1)四川盆地页岩气资源开采现状分析

四川盆地的地势特征是西高东低,西部地区多为高原和山地,东部地区多为盆地和丘陵,其中山地类型多达74%,各类地貌类型所占比例如图7.1所示。四川盆地拥有2个国家级的页岩气示范区:一个是长宁-威远页岩气示范区,另一个是昭通页岩气示范区。这两个示范区的地形地貌都比较复杂,长宁县地势南边高北边低,南部多为中低山,中北部多为丘陵;威远县地势西北高、东南低,西北部多为低山区,东南部多为浅丘,低山和丘陵的分布都比较均衡;昭通市地势西南高、东北低,是典型的山地构造,最低海拔267m,最高海拔4040m。四川盆地

的气候垂直变化比较大,气候类型也比较多,气象灾害的种类多、且发生频率较高,雨量比较充沛,年降水量多达 1000～1200mm,恶劣的气候条件在一定程度上会影响页岩气资源的开发。

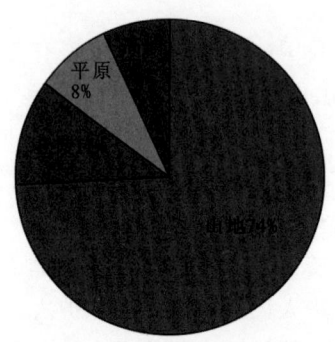

图 7.1 四川盆地地貌类型比例结构

四川省面积约为 $48.6\times10^4 km^2$,是我国第五大省份,同时也是一个人口大省,经济总量排名全国第八,四川省是我国最具开采价值的页岩气储藏区,页岩气地质资源量为 $40.02\times10^{12} m^3$,技术可采资源量为 $6.45\times10^{12} m^3$。四川盆地页岩气开发的历史可以追溯到 1966 年,在威 5 井早寒武世筇竹寺组、在阳的井晚奥陶世五峰组—早志留世龙马溪组先后发现页岩气资源;2005 年设立"威远气田老井复窗与露头地质调查"研究项目;2006 年召开了中国首次页岩气研讨会,并确立了"威远页岩气"研究项目;2007 年开展了威远页岩气项目,对寒武系和志留系的页岩气资源的开采潜力进行了评价,完成了《四川盆地威远气田寒武纪筇竹寺组和志留系龙马溪组页岩气潜力》研究报告;2010 年四川盆地第一口页岩气井威 201 井正式投产;2010 年四川盆地古生界海相页岩取得突破;2011 年长宁地区和富顺-永川区块初步实现页岩气商业化开采;2011 年威远、长宁、昭通和富顺-永川 4 个区块被优选为有利区块;2012 年威远-长宁区块被指定为国家级页岩气示范区;2013 年威远县成为全国第一个将页岩气作为燃气的城市,同年长宁天然气开发有限公司成立;2014 年宜宾市筠连县修建了全国最长的民用页岩气贯通且成功对外通气,成立了页岩气评价与开采四川省重点实验室,自贡市第一口页岩气井成功点火;2015 年自贡市输气作业区纳安线进入川滇渝用户管网,同年长宁-威远页岩气示范区的宁 201、威 204 和威 202 区块建立了 3 条页岩气外输管道,日输送页岩气量多达 $850\times10^4 m^3$。

现阶段,四川盆地页岩气开发管理方面依然存在很多的问题,主要表现在以下 6 个方面。

(1)页岩气开发技术需要更进一步。四川盆地的地质特征比较特殊,页岩气资源开发在实际开采过程中难度会大大增加,对于开采技术的要求也更加严格,因此需要突破页岩气关键技术,比如页岩气渗流与数值模拟、钻井工艺以及水力压裂技术等。

(2)环境问题影响严重。四川盆地多为山地和丘陵,虽然土地肥沃,但是人口密度高,交通不够便利,水资源尤其缺乏,在页岩气开发过程中会造成各种环境污染,比如土壤污染、水资源污染、大气污染以及噪声污染等,加剧开发企业与开采地居民之间的矛盾,也会严重阻碍页岩气产业快速发展。

(3)页岩气开发的管理体制不够健全,缺乏页岩气相关的专业性法律法规和管理办法,比如准入和退出机制、监管机制、环境评价、开采技术规范等。

(4) 管网垄断问题。中石油、中石化和中海油垄断了天然气管网的建设,它们既是投资的主体,也是建设的主体,更是运营的主体,不利于投资主体的多元化发展。

(5) 缺乏有效的激励措施。由于页岩气开发的成本较高,开采的风险也较大,最关键的是需要长期地开采才能获得经济效益,但是政府对开发企业的政策扶持方面明显不足。

(6) 开采成本过高,甚至无法实现盈利。我国页岩气资源虽然比较丰富,但是页岩气储藏的条件比较差,开采作业需要耗费的成本较高,且开采的产量较低,想要实现页岩气资源开发的经济效益,还需要降低开发的成本,同时提高开采的产量。

2) 四川盆地页岩气开发对环境的影响评价

页岩气开发一般包括两大阶段:钻探工程,比如钻前工程、钻井工程、试气工程等;地面工作,比如天然气的集输工程、供水工程、道路工程以及供电工程等。钻前工程包括井场平整、建设井口和设备基础,修建废水池、压裂水池以及放喷池,安装运输设备等;钻井工程一般采用的是三开钻井方式,首先是导管段、一开及二开直井段,采用的是清水钻井,其次是斜井段,采用的是水基钻井液钻井,最后是三开水平段,采用的是油基钻井液钻井;试气工程包括对完钻井进行正压射孔、水力压裂以及测试放喷等。页岩气资源的勘探开发会对水资源、土地资源以及大气环境产生很多不利的影响,以下将以四川盆地为例进行说明,这里选择的示范区位于重庆市涪陵区焦石坝地区。示范区自2012年正式开采页岩气,钻井采用三开钻井方式,示范区页岩气开采过程中产生的环境影响主要表现在以下3个方面。

(1) 水资源的影响评价。首先,从水资源的可获得性来看。一方面,页岩气开发需要消耗大量的水资源,钻井过程和压裂过程都需要使用大量的水,比如钻井过程中使用的钻井液对水资源的需求较多,固井过程使用的水泥会产生水资源的需求,洗井过程中使用的盐水会产生一定的用水量;开发采用的水力压裂技术也需要使用大量的水资源,比如中石油的宁201-H1井配置的水池容量大约为$1\times10^4 m^3$,压裂液的使用量大约是23 655m^3,分10段进行,由此可以推断每段压裂用水大约为2000m^3,也就是说每口井的压裂用水量大约$2\times10^4 m^3$,压裂液返排率约为30%,基本没有进行重复利用;中石化的HF-2井压裂用水量大约$1.94\times10^4 m^3$,压裂返排液有进行重复利用,并且多达2700m^3,占压裂液总量的14%左右。另一方面,中国是一个水资源比较缺乏的国家,在空间分布上呈现出"南多北少""差距悬殊"的特征,尤其是华北地区和西北地区缺水更为严重。现阶段我国页岩气开发主要集中在四川盆地,并且在很长一段时期会以四川盆地为主要开采区域。四川省拥有很多河流,水资源也比较丰富,可利用总量多达$866\times10^8 m^3$,但是在分布方面不够均匀,水供应地区与水需求地区是逆向分布的。四川作为农业大省,农业灌溉用水量集中在5月左右,但是降水一般集中在6月份以后,时间分布不均导致季节性缺水严重。在水资源的利用方面,四川省的有效利用率仅仅只有30%~40%,远远低于发达国家,城市用水尤其紧张,同时页岩气开采过程中的水资源污染问题会加剧水资源的短缺问题。四川省每年的需水量大约是$200\times10^8 m^3$,其中生产用水占据了绝大部分,生活用水占10%左右,还有小部分是生态用水。随着社会经济的快速发展,四川省对水资源的需求量也会随之增加,城市用水问题会变得更加严重,预计2020年全省对水资源的需求量约为$201\times10^8 m^3$,日均需水量多达$5457\times10^4 m^3$,但是日均供水量却只有$1040\times10^4 m^3$,水资源缺口相当大。因此,与其他页岩气开发区域相比,四川盆地页岩气开发在水资源的利用方面问题更大,开采起来难度也大大增加。

其次,从页岩气开发对水质的影响来看。一是钻井液造成的污染。钻井液由各种物质组成,比如油脂、黏土、稀释剂、表面活性剂、无机化学材料、堵漏材料等,在钻井过程中,钻井液很有可能发生泄漏,进而对地下水资源造成污染。二是压裂液。压裂液由两个部分组成:一部分是水和砂粒,占99％以上;另一部分是化学添加剂,占2％的比例,化学添加剂包含了250多种化学物质,其中很多都是有害化学物质,比如苯和铅等,会对水资源造成严重的污染。三是生产废水,主要是压裂返排液,不仅包含了压裂液中的有害物质,还包括压裂过程中岩石里面渗透出的各种放射性物质,比如铀、镭等,压裂返排液也是很难处理的一种工业废水。美国一般采用注回地下、处理后排放以及循环再利用3种方式。我国在废水处理方面的技术还有待加强,一般采用两种处理方式:一种是开发企业和地方政府协商后,达标的返排液可以进行排放,但是排放的时间、频率和排放量方面都有规定的标准;另一种是对生产废水进行简单的处理以后回注老井,但是这种方式的成本较高。中石油宁201-H1井的生产废水一般是直接排到污水池,然后运输到集中处理点处理,再回注到废井里面。另外,页岩气开采过程中甲烷泄漏到水层,也会对水资源造成很大的污染,严重的甚至引发爆炸事故。

(2)土地资源的影响评价。首先,从土地资源的可获得性来看,页岩气开采采用的是"地毯式钻井"方式,会占用大量的土地,比如井场建设、道路铺设、输气管道建设、修建蓄水池、施工设备的布置等,都需要占用土地资源。一般每口水平井会占用$0.02～0.04km^2$的土地,直井则会高出1～2倍。以四川盆地的页岩气开采为例,中石化设置的水平井的井场宽65m、长130m,一个平台需要建设6～8口井,大约需要占用22 000m^2的土地,这些仅仅是钻井期间的场地要求,钻井设备和压裂设备的停放还需要建设场地。因此,很多开采项目都是边压裂边配液,这样就可以为设备留出场地,从附近水源取水进行压裂作业也可以节约一定面积的土地。其次,从页岩气开采对土壤的污染来看,主要体现在两个方面,一方面是页岩气开采对土地的占用、植被的破坏以及造成的水土流失;另一方面是页岩气开采活动产生的各种固体废弃物和废水对土壤造成的污染,比如钻井过程中产生的污水,各种废弃泥浆、岩屑以及返排液、作业区生活污水等对地表水和地下水造成的污染。例如陕西榆林靖边县在油气开采过程中,植被破坏多达7万多亩,长期占用的土地多达27 400亩,其中耕地面积就有17 200亩。

(3)大气环境的影响评价。首先,从大气环境影响识别来看,页岩气开发的过程可以分为5个阶段,每个阶段对大气环境产生的影响是不同的。一是开发设计阶段,这一阶段基本不会对大气环境造成污染;二是钻前工程,这一阶段的污染物比较多,比如场地平整会产生粉尘和废气、基础施工会产生粉尘和燃油废气、结构施工会产生粉尘等;三是钻井工程,这一阶段对大气环境的影响是最大的,主要是柴油机废气,包括TSP和NO_x等污染物;四是完井工程,这一阶段的大气污染物包括压裂设备和其他开采设备产生的废气,完井和修井过程中气体的泄漏,气井测试放喷阶段产生的SO_2等;五是采气工程,这一阶段的大气污染物的来源有两种:一种是来自集气设施检修或者发生爆管事故时,需要燃烧天然气进行放空作业;另一种是井筒产生积液进行排液采气时发生CH_4气体的泄漏。其次,污染物对大气环境的影响可以分为3类。一是单井开发产生的气态污染物对大气环境的影响,钻井中产生的TSP约为230kg,NO_x约为210kg,SO_2约为330kg,CO_2约为794kg;完井中产生的CH_4约为136 116kg;采气中产生的CH_4约为216 010kg。二是钻井过程中产生的TSP、NO_x和SO_2对大气环境影响。以四川盆地为例,同一情境下产生的 TSP、NO_x 和 SO_2 在不同的年份排放量差别很大,2015 年 TSP 的排放量只有 74t,2020 年多达 276t,预计 2030 年会达到 644t;2015 年 NO_x 的排放量只有 67t,2020 年多达 252t,预计 2030 年会达到 588t;2015 年 SO_2 的排放量只有 106t,2020 年多达 396t,预计 2030 年会达到 924t。三是完井与采气过程中产生的 CH_4 和 CO_2 对大气环境的影响。以四川盆地为例,同一情境下产生的 CH_4 和 CO_2 在不同的年份排放量差别很大,2015 年 CH_4 的排放量只有 $1.7×10^4$ t,2020 年多达 $12.9×10^4$ t,预计 2030 年会达到 $51.2×10^4$ t;2015 年 CO_2 的排放量只有 254t,2020 年多达 953t,预计 2030 年会达到 2223t。

3) 四川盆地页岩气开发环境监管存在的问题

早在 20 世纪 80 年代,四川盆地就已经发现了页岩气资源,且经过多年的勘探开发,四川盆地已经积累了很多的开采经验,在环境监管方面也取得了一定的成效。目前,四川盆地页岩气开发的环境监管还是以环保部门为核心,其他相关部门配合监管,也就是说页岩气开发行为受中央政府和地方政府、各级环保部门、自然资源部、国家能源部、卫生部门、建设部门等的多重监管。以下列举几个比较重要的职能部门,并介绍其具体的监管职能:一是国家能源局,负责制定页岩气项目开发的总体规划,颁布发展的战略、规划、政策以及改革方案,起草发展和监管有关的法律法规等;二是生态环境部,负责页岩气开发的环境保护问题,制定环境保护的相关的规划、政策以及标准,监管页岩气开发过程中的各种环保问题;三是国家发展和改革委员会,负责批准审查开发项目,制定相关的国家战略,比如开发过程中可能带来的资源浪费、气候问题的行动方案,以及页岩气生产、流通和消费过程中的价格制定与监管等;四是自然资源部,负责页岩气资源管理、探矿权和开采权的发放以及页岩气开发的土地利用问题等;五是财政部,负责页岩气开发项目的财政补贴以及税收政策;六是科技部,负责页岩气科技政策、攻关项目的制定以及组织实施,制定国家重点基础研究计划、高技术研究发展计划和科技支撑计划,及其关键技术和共性技术的研究等,具体到四川盆地的页岩气开发,其环境监管体系如下。第一层级是各级政府,也是领导机构,包括中央人民政府、四川省人民政府以及四川页岩气开发区域相应的人民政府;第二层级是各级部门,也是执行机构,包括 3 个类别,一是国家生态环境部、四川省生态环境厅和各市县生态环境局,二是国家发展和改革委员会、四川省发展和改革委员会以及各市县发展和改革局,三是相关部委、相关厅以及相关局;第三层级是其他组织,是被动参与的机构,比如污染事故发生以后,受害居民会产生反抗行为,社会组织和新闻媒体会进行曝光等,主要包括中石油西南油气田公司、中石油浙江油田公司、四川长宁天然气开发公司中石化西南油气田公司以及中石化勘探南方分公司。另外,相关部门也组织了与页岩气开发相关的听证会、NGO(非政府)组织的介入等,都在促进开发企业与开采地居民之间的沟通与理解。

虽然四川盆地的页岩气开发已经拥有丰富的经验,但是在环境监管方面仍然存在一些问题,主要体现在以下 5 个方面。

(1) 监管部门的职能比较分散,呈现交叉重叠的情况,缺乏统一的页岩气监管机构。从纵向看,四川盆地的页岩气开发受中央政府相关部门和地方政府相关部门的共同领导,监管职能分散比较明显;从横向看,四川盆地的页岩气开发由一个部门主管、多个部门辅助、各个部门相互协作,各部门的权责不够清晰。也就是说四川盆地的页岩气开发并没有统一的监管机构,会严重影响页岩气产业的发展,多部门监管、职能交叉重叠会直接影响环境监管的效率。

(2)环境监管的信息沟通不够顺畅,缺乏有效的信息共享机制。一方面,四川省各级地方政府、开发企业以及开采地居民之间没有建立有效的沟通渠道,并且相关部门也没有制定出针对页岩气开发的专门性的环境信息公开法律法规,导致环境监管信息不能对称;另一方面,大多数页岩气项目的环境信息由企业自身提供,相关部门很少会去亲自调研验证,然后直接通过政府网站公开相关信息,也就是说环境信息公开只是一种单向行为,信息的真实有效性也无法保证,这种背景下开发企业为了追求自身利益就有可能隐瞒环境污染的真相,而政府部门为了自身利益或者是不被追责也有可能选择保护环境信息,这就严重阻碍了环境监管信息共享的有效性。

(3)社会组织参与的渠道不够明确,缺乏环境质量利益诉讼的机制。一方面,四川盆地页岩气开发实施的自上而下的环境监管模式,开采地居民只能被动地接受地方政府和开采企业的调查,环保组织和新闻媒体也只能发挥举报和报告的作用,也就是说公众和环保组织对于开采企业的环境违法行为或者政府监管不力的行为是无能为力的,并没有一个明确的社会组织可以让公众反映环境质量利益诉求;另一方面,我国并没有制定出针对页岩气开发的环境公益诉讼机制,因此相关部门在执法过程中缺乏有效的法律依据,执法过程困难重重。

(4)相关部门的环境保护宣传力度不够,无法获得公众的理解与支持。一方面,作为一种清洁能源,四川盆地页岩气资源的开发利用促进了四川经济的飞速发展,开发企业投入大量的资金带动开采地的经济发展,让开采地居民的物质生活得到了较大的提高;另一方面,页岩气开发对生态环境造成了很大的影响,让开采地居民成为了环境污染的受害者,他们有的通过网络、媒体等渠道曝光开采企业的环境污染行为,还有的通过实际行动来阻止开采作业,也就是说开采地居民陷入了一种两难的局面,一面是无法拒绝物质利益的诱惑,另一面是无法接受环境污染的伤害。这种背景下,相关部门就需要加强环境保护宣传力度,让开采地居民了解开发页岩气的行为有可能带来环境危害,并随时监督企业的开采行为,从而更好地获得他们的理解与支持,进而促进页岩气开发项目的顺利进行。

(5)页岩气开发的环境监管体系不够健全,环境监管制度有待完善。目前,我国页岩气开发的环境监管主要由政府环保部门负责,主要针对准入环节和阶段性的项目环评,具体的监管实践大多依赖企业自身或者是环评的开展。从相关的法律法规制度来看,国家层面的有《中华人民共和国环境保护法》(2014年版)《环境标准管理办法》《环境影响评价技术导则:陆地石油天然气开发建设项目(HJ/T349—2007)》等;四川省层面的有《四川省环境质量标准》《地方污染物排放标相(或控制标准)》等,也就是说并没有专门针对页岩气开发的环境监管法律法规,也没有相关的环境影响评价指导文件。自2012年开始,我国就开始出台与页岩气相关的各种规章制度,其中大多是与技术和标准相关的,监管方面的政策只占据了很少部分的内容,比如2012年10月26日,国土资源部出台的《关于加强页岩气资源勘查开采和监督管理有关工作的通知》中提到了加强页岩气开采环境监管方面的规定;2013年10月22日,国家能源局出台的《页岩气产业政策》中提出了加强页岩气开发环境监管问题。但是这些规定都还远远不够,相关部门还需要进一步完善页岩气开发环境监管相关的法律法规制度,才能更好地促进四川页岩气产业的健康持续发展。

4)四川盆地页岩气开发的环境监管对策研究

在页岩气的开采和利用方面,四川地区已经拥有了丰富的经验,在环境监管方面也进行了很多的探索，但是仍然还存在很多不足。为了更好地缓解页岩气开发过程中经济效益与环境污染之间的矛盾，相关部门还要进一步完善环境监管制度、模式和体系。针对上文中提出的几个问题，可以有针对性地实施以下几个措施。

(1)对各个部门的职能进行重新定位，并且要设立一个统一的环境监管机构。在坚持中央政府和地方政府双重管理的前提下，重新定位相关部门的职能，明确规定各部门的部门职责，地方环保部门为中心，建设部门、卫生部门、交通部门、农林部门等作为辅助，共同开展环境监管工作，建立起有效的横向沟通机构，保证各区域、各部门之间的相互协调和相互配合。同时，建立页岩气开发的环境监管委员会，并制定出相关的规章制度，保证环境监管工作的规范性。

(2)保证环境监管信息的对称性，建立有效的信息共享机制。一方面，要保证中央政府和地方政府之间环境监管信息的对称性，建立起相关的环境监管信息系统及其技术支持体系，建设环境监管相关的通信设备以及环境评估系统，做好各地区和各部门之间的沟通与协调；另一方面，要保证地方政府与公众之间、开发企业与公众之间环境信息的对称性，并确保环境信息的真实性，对于开发企业上报的环境信息，政府部门要组织专家团队实地考察验证，保证发布信息的可信度和有效度，最好是制定出页岩气开发的环境信息公开法律法规。

(3)要明确社会组织参加与环境监管的渠道，并赋予相应的监管权力，同时也可以为司法部门提供裁决依据。四川盆地页岩气开发过程中的环境问题还是比较多的，但是相关的公益诉讼案例几乎没有，开采地的民众也几乎没有公益诉讼的意识，因此迫切需要一条公益的诉讼途径。

(4)加强页岩气开发环境保护理念的宣传力度，努力获得公众的理解和支持。地方政府和开发企业可以联合起来，对页岩气开发过程中可能引发的环境污染问题加强宣传力度，宣传的途径也可以多种多样，比如与项目相关的听证会、圆桌会议等，让公众知晓页岩气开发对环境污染的真实情况以及开发企业所采取的环境污染防治措施，通过这样的方式来获得公众的理解，才能更好地促进页岩气开采项目的有序进行。

(5)进一步完善四川页岩气开发的环境监管体系。具体来讲就是增加了多元监管的主体以及监管的权力，将司法机构纳入环境监管体系，设置环境信访部门，开设环境受贿举报通道。另外，要完善四川页岩气开发的环境监管制度，针对页岩气开发的环境污染，完善预防和准备阶段的制度，完善监测与预警阶段的制度，完善处置与救援阶段的制度及事后恢复与重建阶段的制度等。以四川盆地长宁页岩气开发区为例，环境监管工作由长宁地方政府和环保部门、能源部门以及改革部门等共同负责，地方法院和相关部门进行司法监督，同时开发企业、专家、媒体以及公众等都有权参与页岩气开发的环境监管，不同开发阶段的监管内容也要有所区别。比如预防与准备阶段主要是对编制预案进行监督，监测与预警阶段主要是对监测网络与预警系统建设进行监督，处置与救援阶段主要是对信息传递和媒体舆论进行监督，事后恢复与重建阶段主要负责调查评估。长宁天然气公司在页岩气开发过程中，可以选择较高的环境污染排放标准，使长宁地方政府和相关部门在执法过程中更加严格，实施的经济补偿标准也较高，同时政府部门也会加强抽查的力度，尽可能减轻页岩气开采对当地居民造成的环境污染伤害。

2.宜宾市页岩气开采概况和生态环境影响

宜宾市的页岩气资源储量十分丰富，是四川盆地页岩气最为丰富的地区之一，已经探明的储量约为 $2\times10^{12}\,m^3$，被国家列为页岩气开发的先导实验区。"四川长宁-威远国家级页岩气示范区"的重点勘探地区包括宜宾市长宁县、珙县和兴文县；"滇黔北昭通国家级页岩气示范区"的重点勘探地区包括宜宾市筠连县、珙县和兴文县的部分地区。在页岩气勘探开发过程中，宜宾市也出现了很多的环境污染问题。一方面是对生系统造成的影响，页岩气开采会占用大量的土地资源，容易造成地表松动和水土流失，同时也会破坏野生动植物的生存环境。另外，宜宾市属于喀斯特地貌，暗河溶洞较多，开采作业可能造成的安全隐患较大，有可能对地质结构造成很大的破坏。另一方面是对环境的影响，包括水资源的利用和水资源的污染问题，空气污染问题，噪声污染问题以及固体废弃物污染问题。宜宾市作为页岩气开发的先导试验区，采取了很多有效的措施来促进页岩气产业的发展，比如完善页岩气相关的行政管理体系，包括优化规划和制定产业政策；完善页岩气相关的法律法规制度、监管和环评体系，比如在工程监理和环境监理过程中实施"三同时"制度，加强返排液回注的监测工作，公开页岩气开发周边环境的监测信息等；完善技术标准和 HSE 管理体系以及生态环境评估体系等，促进宜宾市页岩气产业的绿色发展之路。

1）宜宾市页岩气开采概况

宜宾市是川南地区页岩气最为富集的地区之一，国家将宜宾市列为页岩气开发的先导试验区。早在 2012 年宜宾市珙县上罗镇就开始使用页岩气，这也是我国首个将页岩气作为民用能源的地区；同年，宜宾市将"页岩气惠民"作为民生工程，在年底开始管道置换工作，整个主城区的管线长度超过了 25km；2015 年珙县完成了约 100km 的页岩气外输干线工程。截至目前，珙县累计产气超过了 $5\times10^8\,m^3$。近年来，宜宾市页岩气资源的就地转化利用项目开展十分顺利，南部镇也有 7000 多户居民已经实现了页岩气民用。宜宾市也将页岩气的开发利用列入了"2365"重大战略部署，页岩气的开发将有效地推动绿色宜宾的建设工作。

2）宜宾市页岩气开采过程对生态环境的影响

宜宾市作为国家页岩气开发的先导试验区，虽然在资源储藏方面和政府政策支持方面有一定的优势，但是仍然面临着严重的生态破坏和环境污染问题。一方面是页岩气开采活动对生态系统产生的影响。首先，在页岩气开发的施工期间，修建进场的道路、建设井场和站场，开挖输气管道、布置管线、压裂设备存放、清水池和废水池的修建等都需要占用大量的土地资源。其次，页岩气开发的钻井密度比较大，在一定程度上会造成开采地地表结构的松动，使土壤资源受到侵蚀进而导致水土流失的情况发生。再次，大量的土地资源被占用，野生动植物的生存环境也会受到威胁，进而造成野生动植物的数量和种类不断减少。比如宜宾市属于喀斯特地貌，地质结构比较复杂，具暗河的溶洞也非常多，这种地质条件下进行钻井作业产生的安全隐患就会非常大。最后，在页岩气开发运行期间，大量的压裂液会返排到地面，其中包含了很多酸性物质，这些化学物质渗漏到土壤中会对开采地区的地质造成极大的损害，甚至影响到地下水资源和河流下游的水生生态系统。

另一方面是页岩气开采活动对环境产生的影响。首先，页岩气开发会影响水资源的利用，造成水资源的污染。页岩气开采所使用的水力压裂技术需要耗费大量的水，以宜宾市珙县某井场为例,页岩气压裂作业分 15~20 段开展,每一段的水资源用量为 1500~1800m³,也就是整个压裂过程需要的水资源量为 3600~22 500m³,其他作业环节还需要耗费一定的水资源,导致单口井的耗水量巨大。对于水资源比较贫乏的川渝地区来说,页岩气开发活动会严重影响当地的水资源平衡。同时页岩气施工作业过程中还会有大量的压裂液返排会地面,里面含有大量的有害化学成分,如果泄漏到地下水资源,就会造成严重的水体污染事件;钻井和洗井过程中也会产生大量的废水,如果不能及时处理和处置,就会造成地表水污染和地下水污染。其次,页岩气开发会影响空气环境,主要的污染源包括施工废气、扬尘以及甲烷。施工废气指的是柴油机组排放的烟气、施工设备和运输车辆排放的尾气,由于宜宾市的页岩气开发项目主要在下风方向开展,因此这部分的污染较小;扬尘的主要污染因子为 TSP,钻井前期的场地平整、输气工作的地面开挖、管道填埋以及土石堆放、车辆运输等过程中产生的扬尘,可以通过喷水、遮盖、场地硬化等措施来减小影响;甲烷是页岩气的主要成分,也是一种温室气体,在开发过程中很容易发生泄漏事故,尤其是在测试放喷阶段还会伴随 VOCs 的排放。再次,页岩气开发会造成噪声污染,钻井作业、压裂作业、放喷测试以及设备运行都会产生严重的噪声污染问题。当噪声超过功能区允许限值 10dB(A)时,开采区域周边 100m 内的居民会受到影响;当噪声超过功能区允许限值 100dB(A)时,开采区域周边 200m 内的居民会受到影响。最后,页岩气开发会造成固体废弃物污染,开发过程中产生的固体废弃物主要有以下几种:一是废弃的钻井泥浆,可以利用机械设备进行离心分离,然后将部分钻井液回收利用到其他工程,其余部分利用固化填埋进行无害化处理;二是废油、油基钻井液以及岩屑,这些属于比较危险的废弃物,在处理的方式方面要求较高,需要有资质的单位来进行专业的处理;三是生活垃圾,这部分可以完善环卫设施来加以改善,主要是通过集中堆放和妥善处理。

3) 宜宾市页岩气开采的生态环境保护措施

宜宾市作为页岩气开发的先导试验区,面对页岩气开采活动对生态和环境造成的影响,需要针对各种污染产生的源头,制定有效的解决途径,才能有效地推动页岩气产业的发展,促进资源开发和环境保护的协调发展。

首先,要完善页岩气开发的行政管理体系。一方面,宜宾市政府需要根据国家页岩气发展的总体战略规范,制定本市的页岩气开发战略,挑选出比较容易开发且环境影响较小的页岩气开发区域;另一方面,相关部门需要制定宜宾市页岩气开发的产业政策,协调好开发企业与开采地之间、主要开发企业与市场化参与者之间的利益分配关系,同时还要支持和鼓励各大环保企业积极参与污染治理。

其次,要完善页岩气开发相关的法律法规制度、环境监管体系和环境影响评价体系。从法律法规制度方面看,宜宾市政府部门需要根据本市的具体情况,制定出与页岩气相关的法律法规制度,尤其是压裂返排液、废气钻井液以及废弃钻井泥浆的处置规定,让页岩气开发过程的环境保护措施有法可依,才能有效地减少页岩气开发所造成的环境污染;从环境监管方面来看,施工期间需要落实"三同时"制度,并且要保证环境保护措施得到很好的落实,运行期间需要严格监测压裂返排液回注后的地下水质,运行期过后需要严格落实生态修复措施,还要公开开发区域周边的环境信息,帮助公众消除环境担忧,同时也可以让公众更加积极地参与环境监督;从环境评价管理来看,需要明确环境评价管理的思路,完善页岩气环境影响评价的管理体系,制定严格的环境保护准入条件,建立完善的全过程监管机制等。

再次,要完善页岩气开发的技术标准和 HSE 管理体系。一方面,页岩气资源有着独特的成藏机理和蕴藏条件,所需要的开采技术也与常规的天然气不同,经过多年的开采,我国也形成了一套自主技术标准和规范,但是宜宾市仍然需要根据当地的页岩气资源的特征,制定出适合本地页岩气产业发展的技术标准和规范,尤其是水平井钻井和完井技术、压裂技术以及压裂返排液回注等方面的规范和标准;另一方面,要完善 HSE 健康安全环境管理体系,保证施工安全和开采地周边居民的健康,控制开发过程中有可能产生的健康和安全风险;同时还要制定好各种环境污染的防范措施以及环境风险预案,有效控制开发过程中有可能产生的环境风险。

最后,要完善页岩气开发的生态环境评估体系。为了从长远角度保障开采地周边居民的健康和利益,宜宾市相关部门还需要建立起与页岩气开发相关的生态环境评估体系,做好页岩气开发的前期评估和后期评估工作,前期的评估主要是为后期的环境影响评价提供依据,也是为了更好地规划页岩气开发项目,还可以与后期评估进行对比,以便更好地解决所产生的环境问题。

3.重庆页岩气开发的生态环境风险控制

重庆的页岩气资源十分丰富,技术可采资源量约为 $2.05\times10^{12}\,m^3$,位居全国第三,也是现阶段我国页岩气资源开发最为成功的一个地区。目前,重庆页岩气开发的合法矿权有 17 个,总面积多达 $4.5\times10^4\,km^2$ 左右,其中招标区块有 $1.43\times10^4\,km^2$,中石化原矿区区块有 $1.09\times10^4\,km^2$,中石油原矿区区块有 $1.96\times10^4\,km^2$。重庆的页岩气开发划分为 4 个区块:一是中部区块,包括涪陵、綦江和南川;二是渝东南区块,包括彭水、秀山、酉阳和黔江;三是渝东北区块,包括梁平、城口、巫溪、忠县和丰都;四是渝西区块,包括荣昌、永川、潼南、大足和璧山。

2015—2020 年期间,重庆市页岩气勘探开发的重点项目主要包括以下几个:涪陵页岩气开发项目、宣汉-巫溪页岩气开发项目、忠县-丰都页岩气项目、彭水页岩气开发项目、丁山核心区页岩气开发项目、荣昌-永川页岩气项目、渝西页岩气开发项目、中石油对外合作项目以及其他页岩气开发项目等。重庆市页岩气开发的模式主要是央地合作的方式,也就是央企和地方政府一起合作成立合资公司,但是央企拥有绝对的控股权,不过可以通过转让股权的方式获得重庆市地方政府的支持,同样重庆市地方政府也可以介入页岩气项目的开发,比如发展与页岩气相关的产业,解决就业问题,增加地方税收收入,促进地方经济的发展。但是,页岩气项目的投资回报也是不确定的,因此重庆市地方政府同样需要承担一定的开发风险。

重庆页岩气产业链由上游产业、中游产业以及下游产业 3 个部分组成:上游产业包括页岩气勘探产业以及与勘探相关的装备产业;中游产业包括页岩气钻采产业以及钻采装备产业;下游产业包括天然气储运产业和天然气储运装备制造及服务企业。重庆市页岩气产业链具有很多的优势,比如商业开采储量、优惠政策、交通区位与要素成本、装备制造基础以及下游产业等方面的优势;同时也有很多方面的劣势,比如开发技术还不够成熟、开发的成本相对较高,油气装备产业发展速度比较缓慢,下游产业结构不尽合理,融资渠道不够顺畅,创新能力比较缺乏等。但是重庆市页岩气产业发展还是有着良好的发展环境,比如国家政策的鼓励与支持,天然气对外依存度较高,未来对清洁能源需求旺盛等。目前,重庆页岩气产业发展所面临的最主要的挑战是生态环境风险问题,比如水资源短缺风险包括危险性、暴露性、脆弱性以及短缺风险;地表水污染风险包括危险性、暴露性、脆弱性以及地表水污染风险;地下水污染风险包括危险性、脆弱性以及地下水污染危险等。重庆市页岩气开发生态环境的风险控制与管理可以从3个方面展开:首先,在生态环境的风险控制方面,可以加强钻井的选址管理、水资源短缺的风险控制、地表水污染的风险控制、地下水污染的风险控制以及生态风险控制;其次,在环境管理制度方面,要完善并实施环境影响评价制度、"三同时"制度、环境监测制度、许可证制度、污染集中控制制度、排污申报登记制度以及排污收费制度等;最后,在生态资源管理方面,要完善取水许可制度和土地资源管理制度等。

1) 重庆页岩气开发案例研究

重庆页岩气资源的技术可采量约为 $2.05\times10^{12}\,m^3$,位居四川和新疆之后,排名全国第三。重庆页岩气资源按地域分布可划分4个区块:中部、渝东南、渝东北和渝西,这些区块主要分布在涪陵、黔江、彭水、綦江、梁平、永川、城口、秀山、酉阳以及南川等地,其中以涪陵区块的页岩气资源最为丰富,2013年9月国家设立了"重庆涪陵国家页岩气示范区";另外,彭水桑柘区块的页岩气气藏条件也比较优越,页岩气储量约为 $6000\times10^8\,m^3$,并且甲烷含量超过了99%。现阶段,重庆市页岩气合法矿权约17个,面积约为 $4.5\times10^4\,km^2$,分为三大类区块。第一类是招标区块,面积约为 $1.43\times10^4\,km^2$,自然资源部在重庆设有6个页岩气专属区块:一是城口区块,区块面积为 $1\,020.95\,km^2$,中标单位是国家开发投资公司;二是酉阳东区块,区块面积为 $1\,002.89\,km^2$,中标单位是重庆矿产资源开发有限公司;三是黔江区块,区块面积为 $1\,272.00\,km^2$,中标单位是重庆市能源投资集团有限公司;四是秀山区块,区块面积为 $2\,038.87\,km^2$,中标单位是河南省煤层气开发利用有限公司;五是彭水区块,区块面积为 $6\,837.09\,km^2$,中标单位是中石化;六是南川区块,区块面积为 $2\,197.90\,km^2$,中标单位是中石化。第二类是中石化的原矿区区块,这部分的面积约为 $1.09\times10^4\,km^2$,中石化在涪陵区块发现了全国首个千亿立方米级的整装页岩气田。第三类是中石油原矿区区块,这部分的面积约为 $1.96\times10^4\,km^2$。2015—2020年期间,重庆市页岩气勘探开发重点项目主要包括9个:一是涪陵页岩气开发项目,由中国石化江汉油田分公司负责开采,建设内容主要是投产400口井,建成产能 $110\times10^8\,m^3/a$;二是宣汉-巫溪页岩气开发项目,由重庆页岩气勘探开发有限责任公司负责开采,建设内容主要是投产67口井,建成产能 $80\times10^8\,m^3/a$;三是忠县-丰都页岩气项目,由重庆页岩气勘探开发有限责任公司负责开采,建设内容主要是投产49口井,建成产能 $30\times10^8\,m^3/a$;四是彭水页岩气开发项目,由中国石化西南油气分公司负责开采,建设内容主要是部署三维地震采集 $150\,km^2$,投产150口井,建成产能 $20\times10^8\,m^3/a$;五是丁山核心区页岩气开发项目,由中国石化西南油气分公司负责开采,建设内容主要是钻井25～35口,建成井工厂平台6～10个,建成产能 $15\times10^8\,m^3/a$;六是荣昌-永川页岩气项目,由中国石化西南油气分公司负责开采,建设内容主要是钻井25～35口,建成井工厂平台6～8个,建成产能 $15\times10^8\,m^3/a$;七是渝西页岩气开发项目,由重庆页岩气勘探开发有限责任公司负责开采,建设内容主要是部署三维地震采集 $500\,km^2$,投产24口井,建成产能 $10\times10^8\,m^3/a$;八是中石油对外合作项目,由中国石油与康菲、赫石、壳牌等公司负责开采,建设内容主要是加大页岩气勘探开发力度,力争尽快实现产能;九是其他页岩气开发项目,比如酉阳、黔江、城口以及秀山等地区的页岩气开发项目,由重庆矿产资源开发有限公司、重庆市能投集团、国投重庆页岩气开发利用有限公司以及重庆豫顺新能源开发利用有限公司联合开采,建设内容主要是加大页岩气勘探开发力度,尽快实现产能。

目前,我国页岩气的开发模式主要有两种。一种方式是基于技术的产量分成合作模式,也就是外国企业通过产量分成合同形式向资源国投资勘探开发页岩气项目,外国企业需要独立承担勘探风险以及开发投资风险,投入的成本可以在产出的油气中回收。因此,合同中一般会规定产出的油气要分为成本部分和利润部分,然后将利润部分规定一个适当的分配比例。我国首个页岩气产量分成合同是与荷兰皇家壳牌公司签订的,由中石油负责共同勘探开采富顺-永川页岩气区块,这种合作方式的优势就是资源国不用承担投资风险,可以获得稳定的利润,并且可以学习外国企业先进的开采技术和开采经验,但是由于我国页岩气的埋藏特征以及地质条件的不同,外国开采技术的可复制性是不确定的,同时在后续合作中的技术转移效果也是不确定的。另一种方式是"以央企为主、地方政府和企业参与"的开发模式,也就是央企、地方政府和民企共同投资合作页岩气开发,这种模式下,央企拥有绝对控股权,地方政府的话语权较小,民企承担的风险最大。央企可以转让部分股权来获得地方政府的支持,地方政府也可以在开采地发展页岩气相关产业,增加税收收入,促进经济的发展;民企也可以通过合作积累一定的开采经验,同时也可以获得经济方面的回报。重庆页岩气开发采取的就是"以央企为主、地方政府和企业参与"的模式,中石化与涪陵区政府和重庆市燃气公司共同投资成立了三家公司:中石化重庆涪陵页岩气勘探开发有限公司、中石化重庆天然气管道有限责任公司、中石化重庆涪陵页岩气销售有限责任公司,形成涪陵页岩气勘探开发、管道输配和消费利用为一体的产业链,能够有力地推进当地页岩气产业的发展,同时也可以给当地带来一定的财政收入,发展页岩气相关的产业,可以加快重庆城乡一体化建设进程。当前,这种开发模式还存在一定的困难,比如重庆市政府缺乏页岩气探矿和采矿权的管理权限,不利于完善页岩气合作开发模式;同时,重庆市政府投资的路径也不够明确,不能在页岩气开发的各个阶段发挥出应有的作用,政府方面的扶持政策也比较单一,无法有力地促进本地页岩气相关产业的发展。针对这些问题,首先要将页岩气的矿权下放到省级管理,充分调动地方政府的积极性,打破中石油和中石化两家央企独大的局面,要有效地激活页岩气相关产业的发展;其次要尽量延伸重庆市政府的投资路径,充分发挥出地方政府的引导和示范作用;再次是依托城乡一体化建设,制定差异化的扶持政策,根据不同的消费需求,构建不同层次的需求产业链;最后还要建立页岩气产业基金,用于页岩气技术和开采设备的研发,促进页岩气开采效率的提高。

页岩气产业链一般包括了3个部分,第一个部分是负责勘探和规划的上游产业,第二个部分是负责钻井和采气的中游产业,第三个部分是负责储运和化工的下游产业。重庆市页岩气开发的产业链也包括了这3个部分。首先,上游产业包括页岩气勘探产业以及勘探相关装备产业。重庆市甲级地质勘查资质单位有很多,包括重庆市地质矿产勘查局南江水文地质工程地质队、重庆市地质矿产勘查开发局136地质队、重庆市地质矿产勘查开发局107地质队、重庆开元地质勘探有限公司、重庆地质矿产研究院、重庆市地质环境监测总站、重庆市地质矿产勘查开发局川东南地质大队、煤炭科学研究总院重庆研究院、重庆市地质矿产勘查开发局205地质队、重庆市地质矿产勘查开发局607地质队、重庆市地质矿产勘查开发局208水文地质工程地质队等;重庆页岩气勘探装备产业涉及的企业也有很多,包括重庆地质仪器厂、重庆川仪自动化股份有限公司、重庆顶峰地质勘探仪器有限公司、重庆万马物探仪器有限公司以及重庆生普石油设备制造有限公司等。其次,中游产业包括页岩气钻采产业以及钻采装备产业。页岩气钻采产业的专业性是比较强的,因此现阶段重庆市的企业并没有涉足该领域,只是参与到了页岩气钻采装备相关的产业中,涉及的企业主要包括重庆胤合石油化工机械制造有限公司、重庆中重石油机械有限公司、重庆望江鑫祺机械有限公司、重庆天艺石油钻采工具有限公司、重庆建华地质石油钻探物资有限责任公司、重庆前卫海洋石油工程设备有限责任公司以及重庆虎溪电机厂等。最后,下游产业包括天然气储运产业以及天然气储运装备制造及服务企业。天然气储运产业涉及的企业包括重庆燃气集团股份有限公司、重庆凯源石油天然气有限责任公司、民生能源集团、重庆中和天然气开发有限公司、重庆神州能源集团、重庆方根天然气开发有限公司以及重庆市众友天然气有限责任公司等;天然气储运装备制造及服务企业包括重庆燃气安装工程有限责任公司、重庆市渝北区天然气有限公司、重庆创安管道安装工程有限公司、重庆城开石油管道有限公司、重庆登煌石油燃气设备有限公司以及重庆环能机电制造有限公司等。

重庆市页岩气产业链的优势是十分明显的:首先,重庆市页岩气的储量十分丰富,可采资源量达 $2.05 \times 10^{12} \mathrm{m}^3$,涪陵焦石坝页岩气开发区还是我国首个实现页岩气商业化开采的区块,并且涪陵页岩气田还被认定为我国"页岩气勘查开发示范基地";其次,重庆市页岩气开发得到了政府政策方面的支持与鼓励,制定了很多的优惠政策,包括所得税优惠政策、新产品减免税政策、鼓励就业的财税政策以及工业园区企业税收优惠政策等;再次,重庆是我国西南地区综合交通枢纽,各种生产要素的综合成本也比东部地区有很大的优势;然后,重庆的近代工业发展比较早、也比较成熟,是我国重要的装备制造业基地,大型制造设备比较齐全;最后,重庆页岩气开发还拥有很大的下游产业优势。重庆是我国重要的天然气化工基地,拥有全国最大的乙炔、甲醇、醋酸、醋酸乙烯、聚乙烯醇、醋酸酯等生产装置,很多国内外的大型企业都纷纷来到重庆投资建厂。

重庆市页岩气产业链也有很多劣势:首先,虽然我国已经掌握了一些页岩气开采技术,但是依然有很多的关键技术有待突破,还有很多开采设备也是从国外进口的,导致页岩气开发的成本过高,同时也影响着重庆页岩气产业链下游产业的发展;其次,重庆石油装备生产企业的产品是相对独立的,没有形成石油装备产业的聚集,导致后续的发展也十分缓慢;再次,重庆市页岩气下游产业的结构是不够合理的,化工产业链深度的延伸也远远不够,化工行业的总产值比例不够协调,高附加值的产品所占的比重较低;然后,页岩气勘探开发所需要的投资是巨大的,对开采技术的要求也很高,所以民营企业进入的门槛也很高,并且我国的风险基金市场不够完善,这方面的风险基金少之甚少,融资渠道大大受限;最后,重庆并没有设立页岩气相关的研究机构,在培养页岩气开发的技术人才方面还有很大的不足,无法满足未来重庆市页岩气产业发展的需要,并且重庆的石油装备企业很少,相关的专业性人才也比较欠缺,对于重庆页岩气装备产业发展也是十分不利的。当然,重庆页岩气产业链也是有很多发展机会的,比如国家政策的鼓励与支持,包括《页岩气产业政策》《页岩气开发利用补贴政策》等;我国天然气对外依存度增高,为页岩气的开发及其产业的发展提供了很大的空间;未来国家清洁能源需求旺盛,页岩气作为一种清洁能源,为我国能源结构的转型提供了很大的机遇。现阶段,重庆页岩气产业发展面临的问题有很多,比如开发成本过高、相关装备产业发展竞争激烈、天然气化工产品市场竞争激烈、矿权问题、管网问题、环境问题等,其中最为重要的还是需要解决对生态环境的影响。

2)重庆页岩气开发生态环境风险评价

重庆的地质构造比较复杂,地貌类型多种多样,包括山地、丘陵、台地以及平坝等,境内的河流也比较多,比如嘉陵江、乌江、芙蓉江、小江、綦江等,入境水资源以及地表水资源都十分丰富,但是由于地形和地貌比较复杂的原因,重庆的水资源利用还是存在很多困难的。重庆市的植被类型多种多样,包括针叶林、阔叶林、灌草丛等;生态系统的类型也是多种多样的,包括6个一级类型的生态系统和20多个二级类型的生态系统。虽然重庆的页岩气资源十分优质,技术可采资源量约为 $2.05\times10^{12}\,m^3$,是我国页岩气开采的重点区域,但是重庆页岩气资源的埋藏深度较大,地表生态系统也比较脆弱,增加了页岩气开发过程中的生态环境风险,主要表现为水资源短缺风险、地表水污染风险、地下水污染风险以及生态风险等方面。

从重庆市页岩气开发中的水资源短缺风险来看,主要体现在以下4个方面。

(1)危险性。一方面,近年来重庆市发生干旱的频率还是比较高的,存在明显的季节性,春旱发生的频率均值在30.6%左右,夏旱发生的频率均值在20.9%左右,秋寒发生的频率均值在31.6%左右,冬旱发生的频率均值在33.6%左右;并且干旱存在明显的区域集中性,主要集中在中部的丰都、涪陵以及渝东南大部地区,会严重影响页岩气开发的用水问题,因此在页岩气开发过程中要尽量避干旱高峰时段以及高发区域。另一方面,重庆市的降水量年际变化较小,但是季节分配不够均匀,夏季的降水量占据全年降水量的50%以上,春季的降水量占据全年降水量的25%左右,秋季和冬季的降水量分别占10%和5%左右,这种情况下就会导致季节性缺水,尤其是巫溪、奉节、万州、梁平、大足等地的季节性缺水最为严重,会严重限制页岩气开发的水资源用量。

(2)暴露性。根据重庆市水利局的相关数据显示,重庆市的入境水资源可开发利用系数为0.05%左右,各个区县的水资源可利用总量也是有很大差别的,比如巴南区可利用水资源总量约为 $59.351\times10^8\,m^3$,人均可用水资源量为 $6\,200.160\,m^3/人$,开发利用率为0.040%;涪陵区利用水资源总量约为 $86.298\times10^8\,m^3$,人均可用水资源量为 $7\,701.030\,m^3/人$,开发利用率为0.048%;丰都县可利用水资源总量约为 $86.967\times10^8\,m^3$,人均可用水资源量为 $13\,207.280\,m^3/人$,开发利用率为0.014%;永川区可利用水资源总量约为 $4.795\times10^8\,m^3$,人均可用水资源量为 $148.96\,m^3/人$,开发利用率为0.660%。根据水资源丰富程度的评价标准,第一个标准是1级,表示水资源极为丰富,数值大于 $5000\,m^3$,包括丰都县、涪陵区、万州区、武隆区以及忠县;第二个标准是2级,表示水资源丰富,数值在 $1500\sim5000\,m^3$ 之间,包括城口县、彭水县、巫溪县以及酉阳县;第三个标准是3级,表示水资源比较丰富,数值在 $500\sim1500\,m^3$ 之间,包括黔江区、铜梁区以及秀山县;第四个标准是4级,表示水资源短缺,数值小于 $500\,m^3$,包括梁平县、南川区、綦江区、荣昌区、大足区以及永川区。从总体上看,重庆市可开发利用的水资源潜力还是很大的,对于水资源比较丰富的地区,比如丰都县、涪陵区、万州区等,页岩气开发对当地居民的生产和生活用水基本不会产生影响;而对于水资源贫乏地区,比如梁平县、永川区、荣昌区、綦江区等,页岩气的开发则会对当地居民的生产和生活用水造成一定的威胁。

(3)脆弱性。重庆辖区内河网水资源可达性低值区主要集中在城口、巫溪、巫山、奉节南以及石柱东北部等地区,属于工程性缺水地区,这些地区属于岩溶山地区,降水量比较充沛,地质条件极其复杂,强烈的水动力条件会使区域发生较大的起伏,同时地表的保水能力和调控能力都相对较低,导致蓄水困难就会提高取水和供水的成本;区域河网水资源可达性高值区主要集中在渝西及渝中河谷地区,这些地区的可供水河网比较密集,水资源十分丰富,地势也比较平坦,供水成本和取水成本都相对较低。

(4)水资源短缺风险。据相关数据显示,2010年重庆页岩气开发水资源短缺低风险地区的面积约为 46 378.08 km², 占总面积的 55.59%; 较低风险地区的面积为 19 329.2 km², 占总面积的 23.46%; 中等风险地区的面积为 10 775.87 km², 占总面积的 13.08%; 高风险地区的面积为 5 916.85 km², 占总面积的 7.18%。2015 年重庆页岩气开发水资源短缺低风险地区的面积约为 48 243.91 km², 占总面积的 58.52%; 较低风险地区的面积为 13 924.39 km², 占总面积的 16.89%; 中等风险地区的面积为 13 800.51 km², 占总面积的 16.74%; 高风险地区的面积为 6 466.19 km², 占总面积的 7.84%。2020 年, 重庆页岩气开发水资源短缺低风险地区的面积约为 41 974.77 km², 占总面积的 50.92%; 较低风险地区的面积为 17 380.31 km², 占总面积的 21.08%; 中等风险地区的面积为 9 906.48 km², 占总面积的 12.02%; 高风险地区的面积为 13 173.44 km², 占总面积的 15.98%。由此可见, 重庆市水资源短缺的风险是在逐年增加的, 尤其是高风险地区的面积增加明显, 这些地区主要集中在西部丘陵区、南部的綦江和南川地区以及中部的梁平等地区, 在枯水季节, 这些地区的取水问题就变得十分困难, 页岩气开发的水资源短缺风险就大大增加。

从重庆市页岩气开发中的地表水污染风险来看, 重庆是我国页岩气开发的主要地区, 2015 年页岩气井约为 266 口, 产生的废水总量约为 $65.2 \times 10^4 m^3$; 截至 2020 年, 气井多达 1066 口, 废水总量预计会达到 $319.53 \times 10^4 m^3$ 左右。这些废水具有高盐、高浓度、化学成分种类多等特征, 地表水资源就完全暴露在危险中, 一旦这些废水返排到地面, 就有可能会严重污染地表水资源。重庆市地表水环境的脆弱性比较高, 322 个流域中, 只有 26 个属于低脆弱, 177 个属于较低脆弱、59 个属于中度脆弱、60 个属于高度脆弱。据相关部门对重庆页岩气开发地表水环境的影响统计显示, 2010 年重庆页岩气区域内的低风险的流域有 152 个, 占 57.79%; 较低风险的流域有 92 个, 占 34.98%; 较高风险的流域有 16 个, 占 6.08%; 高风险的流域有 3 个, 占 1.14%。2015 年重庆页岩气区域内的低风险的流域有 145 个, 占 55.13%; 较低风险的流域有 95 个, 占 36.12%; 较高风险的流域有 21 个, 占 7.98%; 高风险的流域有 2 个, 占 0.76%。2020 年重庆页岩气区域内的低风险的流域有预计有 135 个, 占 51.33%; 较低风险的流域有 97 个, 占 36.88%; 较高风险的流域有 29 个, 占 11.03%; 高风险的流域有 2 个, 占 0.76%。从总体来看, 重庆市水环境的安全性变化不大, 只是局部的污染风险有所增加。

从重庆市页岩气开发中的地下水污染风险来看, 重庆的水文地质条件比较复杂, 浅层地下水分为高脆弱区、中等脆弱区、较低脆弱区以及地脆弱区, 其中页岩气规划区高脆弱区的面积约为 8 707.31 km², 所占比例约为 18.86%; 中脆弱区的面积约为 6 213.25 km², 所占比例约为 16.41%; 较低脆弱区的面积约为 7 683.375 km², 所占比例约为 19.07%; 低脆弱区的面积约为 23 369.38 km², 所占比例约为 45.66%。根据相关部门统计的重庆页岩气开发地下水污染风险的数据显示, 2010 年重庆市页岩气规划区地下水污染低风险的面积约为 23 807.24 km², 所占比例约为 52.01%; 较低风险的面积约为 12 586.88 km², 所占比例约为 27.50%; 较高风险的面积约为 6 617.16km²，所占比例约为 14.46%；高风险的面积约为 2 761.32km²，所占比例约为 6.03%。2015 年重庆市页岩气规划区地下水污染低风险的面积约为 23 065.64km²，所占比例约为 50.39%；较低风险的面积约为 12 817.64km²，所占比例约为 28.00%；较高风险的面积约为 6 265.12km²，所占比例约为 13.69%；高风险的面积约为 3 624.20km²，所占比例约为 7.92%。2020 年重庆市页岩气规划区地下水污染低风险的面积约为 21 490.48km²，所占比例约为 46.95%；较低风险的面积约为 14 237.80km²，所占比例约为 31.11%；较高风险的面积约为 6 445.80km²，所占比例约为 14.08%；高风险的面积约为 3 598.52km²，所占比例约为 7.86%。总体来讲，重庆市页岩气开发的地下水污染风险不大，以低风险为主。

从重庆市页岩气开发中的生态风险来看，首先表现为土地损毁风险，影响因素包括水资源的消耗和污染、土壤的侵蚀、污染与退化、生态环境的破坏与退化、生物多样性的减少、甲烷的泄漏、扬尘污染、噪声污染、光污染以及放射性污染等。页岩气开发钻井过程中的风险因子主要包括水资源的大量消耗与污染、生态环境的破坏与退化、生物多样性的减少、土壤的侵蚀、污染与退化、噪声污染、扬尘污染、甲烷泄漏、光污染以及放射性污染等；道路修建以及运输过程中的风险因子主要包括生态环境的破坏与退化、土壤的侵蚀、生物多样性的减少、噪声污染以及扬尘污染；集输管线过程中的风险因子包括生态环境的破坏与退化、土壤的侵蚀、污染与退化、生物多样性的减少、水资源的污染以及甲烷的泄漏等。

同时，重庆市的生态系统具有天生的脆弱性。首先，从土壤侵蚀敏感性来看，以中等敏感和高度敏感为主，重庆页岩气规划区内土壤侵蚀不敏感的面积约为 1223km²，所占比例约为 2.63%；轻度敏感的面积约为 10 911km²，所占比例约为 23.49%；中度敏感的面积约为 23 010km²，所占比例约为 49.53%；高敏感度的面积约为 11 315km²，所占比例约为 24.35%。重庆页岩气重点开采区内土壤侵蚀不敏感的面积约为 3.98km²，所占比例约为 2.59%；轻度敏感的面积约为 36.16km²，所占比例约为 23.49%；中度敏感的面积约为 76.30km²，所占比例约为 49.57%；高敏感度的面积约为 37.49km²，所占比例约为 24.36%。其次，从地质灾害敏感性来看，以中度敏感和较高敏感为主，容易发生地质灾害。重庆页岩气规划区内地质灾害低敏感的面积约为 7 790.889km²，所占比例约为 16.77%；较低敏感的面积约为 3 586.266km²，所占比例约为 7.72%；中度敏感的面积约为 15 202.03km²，所占比例约为 32.72%；较高敏感的面积约为 16 132.1km²，所占比例约为 34.72%；高敏感的面积约为 3 747.709km²，所占比例约为 8.07%。重庆页岩气重点开采区内地质灾害低敏感的面积约为 39.976km²，所占比例约为 25.97%；较低敏感的面积约为 1.062 25km²，所占比例约为 0.69%；中度敏感的面积约为 41.817 23km²，所占比例约为 37.17%；较高敏感的面积约为 58.494 56km²，所占比例约为 38.00%；高敏感的面积约为 13.490 57km²，所占比例约为 8.76%。从整体来看，近年来重庆市的生态风险是有所增加的，据相关部门的数据显示，2010 年重庆页岩气规划区域内各流域生态风险的低值区的面积为 14 521.07km²，所占比例约为 31.26%；较低值区的面积为 14 182.53km²，所占比例约为 30.53%；中值区的面积为 14 183.73 km²，所占比例约为 30.53%；高值区的面积为 3 571.67km²，所占比例约为 7.69%。2015 年重庆页岩气规划区域内各流域生态风险的低值区的面积为 10 399.95km²，所占比例约为 22.89%；较低值区的面积为 19 697.25km²，所占比例约为 43.35%；中值区的面积为 11 679.02km²，所占比例约为 25.70%；高值区的面积为 3 659.78km²，所占比例约为 8.05%。2020 年重庆页岩气规划区域内各流域生态风险的低值区的面积为 9 780.00km²,所占比例约为 21.52%;较低值区的面积为 18 504.00km²,所占比例约为 40.73%;中值区的面积为 12 602.00km²,所占比例约为 27.74%;高值区的面积为 4 550.00km²,所占比例约为 10.01%。

3)重庆页岩气开发生态环境风险控制与管理

面对页岩气开发过程中可能产生的各种生态环境风险,重庆市借鉴国内外页岩气环境监管方式,制定出了一套适合自身的页岩气开发环境管理措施,主要体现在生态环境的风险控制、环境管理制度的完善以及加强生态资源管理 3 个方面。

(1)生态环境风险的控制。首先是页岩气开发钻井的选址建议与居民生活区域距离 500m 以上,并且气井与公共街道、高速公路以及供水管网之间的距离最少为 100m,气井与河流、湖泊、水井等之间的距离最少为 1.5km;其次是水资源短缺风险的控制,页岩气开采前需要制定水资源管理计划,比如渝西地区的地势比较平坦,交通也十分便利,因此可以考虑异地取水,对于有条件对废水进行回收利用的,可以处理后再次用于压裂作业,缓解开发过程中的用水压力;再次是地表水环境污染风险的控制,一般可以通过废水储存、废水处理处置及时以及水污染排放标准等方式;然后是地下水环境污染的风险控制,需要尽量避开岩溶大泉、落水洞和溶洞等区域,采取分段式钻井技术,不同段采用不同成分的钻井液,通过套管加水泥固井方式把溶洞与井筒隔开,井场内要安排放置废弃物的场地,并且要做好防渗措施避免造成地下水污染,与此同时,加强地下水的水质以及水量的监测,还要考虑到水力压裂技术可能造成的特殊环境问题,制定专门的页岩气开发水力压裂技术的使用规范等;最后是生态风险的控制,严格禁止在重庆区域内不允许开发的地区开发页岩气,严格管控重点生态功能区和生态敏感区的开发建设。对于生态敏感区域要合理规划施工范围和施工时间,在开采中断或者停止以后,需要将场井周边的环境恢复到可以利用的状态,保证不对周边居民的生产、生活以及身体健康造成影响。

(2)完善环境管理制度,主要包括 7 个方面。一是环境影响评价制度,包括战略环评、项目环评以及回顾性评价。战略环评可以在页岩气开发的战略和政策层面上进行,补充页岩气开发的区域环评,可以将开发的计划和规划环评作为战略环评的切入点,还要对开发项目进行项目环评。项目环评可以根据开发活动各个项目来进行评价,比如页岩气开发项目的评价要根据单井或者单平台的建设和钻井工程、水力压裂过程以及采气工程,编制环评报告书等;针对供水工程项目、集气站项目、脱水站项目、集输管网项目、废水处理处置项目、废弃物处理处置项目等,可以按照《建设项目环评分类管理目录》确定环评文件类型。回顾性评价主要是为了掌握页岩气开发对生态环境的影响情况,也可以作为加强页岩气开发环境保护的论证,还可以作为页岩气开发项目环评文件的一个重要内容。二是"三同时"制度,将平台施工建设前的阶段归入设计期,将平整场地、钻井等阶段至产气前的阶段归入施工期,将采气运行阶段归入生产期。三是环境监测制度,对开采场地附近的地表水和地下水的水质进行检测,持续至完井后的 12 个月左右,如果水质有较大变化,则需要延长水质监测的时间。四是许可证制度,废水和固体废弃物的排放要取得排污许可,油基钻屑等危险废弃物的处理处置需要取得危险废弃物转移许可。五是污染集中控制制度,禁止废水就地排放,作业产生的废水需要运送到指定的处理地点集中处理后再排放。六是排污申报登记制度,废水的转移、运输和处理需要按照废水转移制度进行,记录转移清单,包括运营商和转移商的名称、废水装载的时间和地点,处理的地点、废水的类型和数量等;对于开发过程中产生的甲烷、VOCs 以及其他的有害气体的泄露以及排放,需要建立排放清单,并且需要每年上报排放数据。七是排污收费制度,开发企业在开发过程中向水体排放的污染物,需要根据污染物的种类、数量以及危害性等综合因素缴纳排污费用。

(3)加强生态资源管理。一方面,页岩气开发需要消耗大量的水资源,为了避免加大开采周边的供水压力,可以实施取水许可制度,开发企业可以在开发前制定好项目的用水管理计划,提交上级主管部门进行审查是否可行。另一方面,页岩气开发需要占用大量的土地资源,并且以农用土地和林地为主,为了保护开采区域的土地资源,可以采用用地审批的方式,所有页岩气开发占用土地都要按照《石油天然气工程项目建设用地指标》《占用征用林地审核审批管理办法》的相关规定进行;要按照《土地复垦条例》的规定对页岩气开发所占用的土地进行复垦,有条件的复垦后要优先用于农业,没有条件开垦的要缴纳耕地开垦费;尽量减少项目开采对土地资源的占用面积,减少对植被的破坏程度,施工场地也要做好水土保持工作,合理保护林地资源。

4.涪陵页岩气开发的环境监管问题研究以及对策

2012 年,涪陵焦石镇建立了我国首个页岩气井,至此我国拉开了页岩气开发的帷幕。重庆涪陵页岩气田是我国第一个、也是全球第三个实现商业化开发的大型页岩气田,自 2012 年开发以来已探明储量约为 $6008×10^8 m^3$,是我国最大的页岩气田,至今为止累计生产页岩气 $300×10^8 m^3$,日均产气量多达 $1700×10^4 m^3$,能够满足 70 多个城市、3400 多万户家庭的日常用气。涪陵页岩气开发过程中同样面临着很多的问题,比如钻井阶段会造成水资源污染、噪声污染和土壤污染,管道输气设施的建设也会占用大量的耕地和林地,破坏当地的植被,造成水土流失现象的发生等。因此,涪陵页岩气开发过程中的环境监管问题就变得十分重要。

1)涪陵页岩气开发环境影响分析

涪陵地区在页岩气开发过程中对环境产生的影响主要表现为对水资源的影响、对大气环境的影响以及对生态环境的影响。

首先是对水资源的影响。涪陵页岩气开采过程中用水量较多的环节是钻井作业和压裂作业,钻井过程中单井的新鲜水用量大约为 $412m^3$,其中导管段的新鲜水用量约为 $80m^3$,使用损耗约 $17m^3$,剩余 $63m^3$ 左右。一开和二开直井段除去导管段用水 $63m^3$ 左右,新鲜水用量大约为 $237m^3$,使用损耗约 $95m^3$,剩余 $205m^3$ 左右;二开斜井段除去上一阶段剩余 $205m^3$ 左右,新鲜用水量大约为 $95m^3$,使用损耗 $110m^3$,剩余 $190m^3$ 左右。剩余的钻井液经过处理以后,60% 的上清液、也就是大约 $114m^3$ 可以用来配置压裂液,其余的 40%、也就是大约 $76m^3$ 和钻井岩屑进行固化填埋。压裂作业中,单井需要的新鲜水大约为 $2.99×10^4 m^3$,使用损耗约为 $2.84×10^4 m^3$,其中约 $0.01×10^4 m^3$ 可以用作钻井回用水进行重复利用,剩下的 $0.15×10^4 m^3$ 左右为压裂返排液,经过混凝沉淀后可以再次用于压裂作业。2015 年涪陵页岩气开发区域内有约 135 口井,单井新鲜水消耗量为 $412m^3$ 左右,钻井过程中每年新鲜水消耗的总量约为 $5.56×10^4 m^3$,压裂过程中每年新鲜水消耗的总量约为 $383.4×10^4 m^3$,总量为 $388.96×10^4 m^3$;2020 年涪陵页岩气开发区域内有约 200 口井,单井新鲜水消耗量为 $412m^3$ 左右,钻井过程中每年新鲜水消耗的总量约为 $8.24×10^4 m^3$;压裂过程中每年新鲜水消耗的总

量约为 $568×10^4 m^3$,总量为 $576.24×10^4 m^3$ 左右。页岩气开采过程中产生的废水会对地表水环境产生一定的影响,各个井场都配备有废水池和压裂水池,用来存放钻井废水、井场雨水以及压裂返排液,废水和压裂液经过处理以后基本都可以实现循环利用,但是井场内的雨水大都含有油类物质,会对开采地周边的水资源环境和土壤环境造成一定的污染。另外,页岩气开发过程中也会对地下水的水位和水质产生一定的影响,比如钻井液泄漏、井场污水和废水对地下水的污染等。以焦石镇东泉三社的传家湾水池为例,该水池可以满足8个家庭户54口人、150头猪、3头牛的用水,但是自从放炮以后,这个水池再也不能出水。

其次是对大气环境的影响。涪陵页岩气开发过程中会产生各种废气,对大气环境造成一定的影响,这些废气的来源主要有3种途径。一是施工和钻井过程中产生的废气,施工过程会产生扬尘,一般可以通过防尘和洒水来控制;施工机器产生的尾气主要成分包括CO和烃类,对空气环境的质量会产生一定的影响,不过这类污染物的排放量比较小;钻井作业使用的柴油机和发电机等设备会产生燃油废气,主要污染物为 NO_x、SO_2 以及颗粒物,可以通过使用网电钻机代替柴油机器来减少废气的排放。二是测试放喷阶段产生的废气,据相关部门的数据显示,涪陵焦页1井、焦页6-2HF、焦页8-2HF井是不含硫化氢的,H_2S 的浓度仅仅只有 $0～5.0mg/m^3$,平均排放速率约为 $0.33kg/h$,测试放喷是在放喷池进行,在排气筒内燃烧后排放,这种情况下排放 SO_2 的浓度大约只有 $0.78mg/m^3$,单井测试放喷阶段的 SO_2 排放量大约为 $30.12kg$。也就是说一般情况下测试放喷阶段产生的废气在经过燃烧以后排放,污染物的排放量会变得很少,产生的影响也会很快消失。三是天然气集输阶段泄露的甲烷气体,页岩气的主要成分是甲烷,同时也是一种温室气体,页岩气的气井数量很多,所需的管道和阀门的数量也比常规的天然气要多,在集输过程中管道和阀门处更容易发生甲烷泄露。据相关部门的数据显示,2015 年涪陵页岩气开发过程中甲烷排放量是 $1.79×10^4 t/a$,折算为 CO_2 当量就是 $44.75×10^4 t/a$;2020 年涪陵页岩气开发过程中预计甲烷排放量会达到 $3.58×10^4 t/a$,折算为 CO_2 当量就是 $89.5×10^4 t/a$。

最后是对生态环境的影响。涪陵页岩气开发过程中占用的土地资源一般分为永久性占用和临时占用,永久性占用的土地一般会用作工矿用地,临时性占用的土地在施工结束以后会进行复垦,恢复原有的生产力。涪陵页岩气开采对生态环境的影响主要体现在以下4个方面。一是对土地利用结构的影响,涪陵页岩气开发区每个钻井平台平均有4口井,2015年有34个平台,累计平台63个;2020年有50个平台,累计平台300个。单个井场的永久性占地面积平均为 $0.7hm^2$,耕地、林地和其他用地类型所占的比例分别约为80%、15%和5%。2015年,涪陵页岩气开发区项目占地面积约为 $0.44km^2$,示范区面积约为 $262.8km^2$,其中,项目所占用的耕地面积为 $0.35km^2$,林地面积为 $0.07km^2$,其他类型的土地面积为 $0.04km^2$;示范区所占用的耕地面积为 $118.3km^2$,林地面积为 $118.3km^2$,其他类型的土地面积为 $26.2km^2$。2020年,涪陵页岩气开发区项目占地面积约为 $2.10km^2$,示范区面积约为 $262.8km^2$,其中,项目所占用的耕地面积为 $1.78km^2$,林地面积为 $0.32km^2$,其他类型的土地面积为 $0.10km^2$;示范区所占用的耕地面积为 $118.3km^2$,林地面积为 $118.3km^2$,其他类型的土地面积为 $26.2km^2$。由此可见,近年来随着钻井平台的增多,页岩气项目所占用的耕地面积也在增多,对于开发区域内的土地利用结构产生了一定的影响。二是对开发区域土壤质量的影响,页岩气开发过程中会排放各种污染物,会对土壤的质量产生一定的影响;同时钻井作业和地面工程也会破坏土壤的结构,降低土壤的生产力。三是对开发区域植被的影响,页岩气开发过程中会对地表的植被进行铲除或者压占,从而减少植被的覆盖面积,植被的数量和种类也会受到影响。但是涪陵页岩气开发项目占用的土地一般都比较平坦,人工植被居多,对农作物的影响也只是当季影响,施工完成以后第二年就可以进行复垦,复垦两三年以后便可以恢复产量;对于永久性占用的土地,开发企业也会进行相应的赔偿,并且施工结束以后会采取一些绿化措施,尽量恢复植被。四是对开发区域水土流失的影响,在开发的钻前阶段,施工作业会对原有的地表结构、土地利用类型以及局部的地貌产生一定的影响,降雨还会带走地表泥沙,加剧水土流失。

2)涪陵页岩气开发环境监管现状

目前,涪陵页岩气开发区在开采过程中存在的环境监管问题主要体现在5个方面。一是缺乏页岩气开发的专门性的环境监管法律法规,相关部门不能发挥出监督管理的职能。涪陵页岩气开发是按照一般的油气管理法律法规,对于页岩气开发活动的很多环节都无法进行深入的研究,不能进行科学合理的管控,容易造成环境污染问题。二是缺乏有效的监管机构,页岩气开发企业的内部没有设立专门的环保监察部门,有的企业为了追求经济利益,不惜以牺牲环境为代价;开发企业之间也不能进行相互监督,页岩气开发的效率和开发的质量也难以提升;政府相关部门对页岩气环境监管的岗位配置不够充分,工作人员也不具备相应的专业素养。三是页岩气开发的准入门槛不够明确,涪陵页岩气开发过程中的环境污染评估也是比较片面的,比如只是针对地表植被的破坏程度进行评定,而缺少对整体环境污染的分析,这样的评估方式对于环境监管工作是十分不利的。四是没有掌握页岩气开发的关键技术,无法开展环保绿色开发。涪陵页岩气开发主要是在焦石坝地区,该地区开采过程中环境保护的重点就是对水资源的利用和保护,但是涪陵页岩气开发企业并没有掌握开发的关键技术,比如水平横向钻探技术等,不仅会导致严重的环境污染,还会增加了页岩气开采的成本。五是涪陵政府对开发企业的地方保护主义行为增加了页岩气环境问题监管难度。一方面,涪陵页岩气开发区作为国家页岩气开发的示范区,是涪陵的一张名片,涪陵政府为了振兴地方经济,对页岩气开采企业进行重点帮扶和保护,制定各种优惠政策和税收奖励,而对于开采过程中引发的环境问题不予重视;另一方面,涪陵页岩气开发企业本身虽属于特大型国有企业,但有地方政府的庇护,可能会大大地增加环境监管的难度。

究其原因,主要有3个方面。首先是缺乏立法方面的支持,目前涪陵页岩气环境监管大多是对环境污染情况的评定与分析,比如当环境污染比较严重,仅仅进行经济层面的处罚不能引起开发企业对环境保护的重视,还缺乏比较强硬的可操作性的法律法规。其次是缺乏健全的监管机制,环境保护部门作为政府部门的下属机构,权力和执行力都受到限制,如果政府部门更重视经济发展,放松了对环境的保护,那么环境就会出现先污染后治理的情况。涪陵页岩气开发过程中也缺乏完整的环境监管机制,各个不同的部门不能发挥应有的职能,职责和权利的界定十分模糊。最后是政府部门权利与义务失衡,在环境保护过程中,政府对相关的环境保护机构有着管理和领导的职责,但是并不直接参与环境保护工作,因此涪陵页岩气的环境监管工作也需要涪陵政府的支持和帮助。

3)涪陵页岩气开发的环境监管对策研究

针对目前涪陵页岩气开发中环境监管存在的问题,为了更好地促进涪陵页岩气产业的绿色可持续发展,还需要加强页岩气开发过程中的环境监管工作,具体来讲可从以下 5 个方面开展。

(1)健全页岩气开发的环境监管体系。重庆市政府需要建立页岩气开发的环境监管制度,补充和完善已有的环境保护法律法规制度,并提升和保证法律法规的针对性和目的性,也就是针对不同的环境问题,制定和实施不同的管理规范;政府要设置页岩气相关的管理部门,形成科学合理的环保监管运行机制,各个管理部门之间要相互配合、相互协作;建立页岩气开发环保领导小组,处理页岩气开发过程中的各种环境问题,保障页岩气项目的顺利进行;改进页岩气开发的政策管理机制,相关的管理部门要给予政策方面的支持与补助,促进开发企业开展技术创新,促进页岩气产业的绿色发展;建立涪陵页岩气环境监控中心,提高环境监测的技术水平,优化污染源的自动监控信息系统,加强水环境和大气环境监测预警系统的建设,推进环境突发事件监测网络的建设,加强水环境质量、尤其是饮用水源地的监管,针对可能发生重点污染的河流段,要加强污水排放的监管;涪陵政府可以要求页岩气开发企业健全企业内部的组织机构,建立环境监管体系,强化环境保护的保障措施;同时涪陵地方政府也要成立页岩气开发领导小组,负责页岩气开发项目的建设工作,包括审核实施方案、组织技术攻关、协调解决环境问题等。

(2)优化环境监管的方式。涪陵页岩气开发中的环境监管方式主要包括自律和他律两种方式。他律的环境监管方式主要有两种。一种途径是征收庇古税,涪陵页岩气开发是需要缴纳废水排放费用的,根据规定每产生 1 个单位的废水,需要缴纳 0.7 元的污染费,同时产生的噪声污染超过了相关规定的要求,也需要缴纳噪声污染费用。这些页岩气开发过程中产生的污染物的收费标准,可以根据庇古税来制定,也就是说开发活动中的污染物排放量需要控制在一个合理的范围,一旦超出了规定的范围,开发企业就需要缴纳罚款,以此来控制页岩气开发所造成的环境污染。另一种途径是采用排污权交易,促进对开发企业污染物排放的控制。涪陵页岩气开发过程中的排污权交易主要有 5 个步骤:第一步是开发企业向相关部门提出排污权交易的申请;第二步是环保部门对企业的申请进行审批和核定;第三步是交易双方协商决定细节之后签署交易协议;第四步是环境监管部门对交易后可能造成的环境影响进行评估,如果是属于合理的范围以内就批准交易的进行;第五步是实现交易活动。在排污权交易过程中,环境监管部门需要进行全面的监督,并形成相关的监管机制,保证排污权交易的公平性和公正性。自律环境监管方式是指开发企业在环境的治理与保护过程中树立环境保护的意识,加强自我约束与管理,对环境造成的污染要及时纠正等。涪陵页岩气开发企业在开展环保工作时,需要加强环境保护的宣传工作,全面提升整个页岩气开发行业的环境保护意识,让更多的开发企业更加积极主动地参与到环境保护中。比如涪陵页岩气公司于 2014 年 12 月 30 日发布了页岩气开发环境保护的白皮书,这就是以自律的方式体现出保护环境的良好意识。

(3)构建环保开发技术创新体系。环境技术的创新是页岩气开发技术创新的一个重要内容,为了促进涪陵页岩气开发技术的发展,进行环境技术自主创新是十分重要的。首先,为了提高环境技术的科研力度,可以增加对高校的投入,比如与高校合作,围绕页岩气开发的关键技术,加强水平段长度、压裂段数、压裂液量、砂量以及排量等方面的研究,探索提高开采效率、降低开采成本的绿色环保技术;其次,要积极学习并借鉴国外的先进技术,投入更多的人力、财力和物力进行环境科学技术的自主研发工作;最后,可以依托涪陵页岩气环保研发与技术服务中心,聘请一些技术专家推进低成本和高效率的环境污染治理技术方面的研究,比如加快钻井废水和采气废水处理技术的研发,并保证技术的适用性和环保性。

(4)推行环境影响评价制度。涪陵页岩气开采过程中可以出台页岩气环保负面清单,只要是进入负面清单的项目,一律不得准入,必须严格落实环境影响评价制度,针对重大的敏感建设项目,还需要开展社会稳定性的风险评估。尤其是在页岩气开发的初期,可以合理利用环境影响评价制度,分析与评定开发项目可能产生的环境影响,以此来加强开发过程中对环境的治理和保护工作。比如涪陵页岩气勘探开发有限公司在2013年曾委托重庆设计研究院有限公司对焦石坝区块的页岩气开发项目开展环评工作,结果显示该项目对环境各个方面的影响都在可以控制的范围以内,同时也打开了我国环保准入绿色开发的大门。

(5)建立多方考核奖励制度。这里所指的多方主要包括三方:一是重庆市政府对涪陵区政府开展的考核;二是涪陵区政府对与页岩气开发相关的各个区级部门进行考核,包括区发展和改革委员会、环保局、规划局、开发地所在的村镇等,考核的结果直接与年终绩效挂钩;三是涪陵区区级各个部门对页岩气开发企业进行考核,涪陵区政府可以成立一个页岩气开发工作领导小组办公室,各个区级部门可以派代表加入领导小组,对开发企业实行目标管理,根据区政府和开发企业签订的页岩气开发目标责任书,实施相关的环境保护奖励和惩罚措施,对于发生重大环境污染事故的开发企业给予高额处罚,甚至进行一票否决,对于开采过程中采用绿色环保技术的开发企业给予鼓励和奖励。另外,要对页岩气开发区定期开展环境风险评估,并及时落实环境风险防控措施,严格落实环境风险主体的责任,督促页岩气开发企业和开发区域所在的乡镇完善排污设施的建设以及应急处置措施的建设等。

5.四川长宁-威远国家级页岩气示范区开发环境保护实践

早在2006年,中石油就开始在长宁—威远地区勘探开发页岩气,2010年我国的第一口页岩气井威201井成功开采,2012年成立了长宁-威远国家级页岩气示范区,2016年示范区页岩气日产量高达$700 \times 10^4 m^3$左右,如今日产量已经突破$2000 \times 10^4 m^3$,是我国页岩气日产量最大的气田。长宁页岩气区块中有利区块多达$2050 km^2$左右,页岩气储藏量约为$9200 \times 10^8 m^3$;威远页岩气区块中有利区块多达$4216 km^2$,页岩气储藏量约为$18\ 900 \times 10^8 m^3$。到目前为止,长宁区块有气井23口,日产气高达$243.63 \times 10^4 m^3$左右,累计产气$4.63 \times 10^8 m^3$左右;威远区块有气井32口,日产气高达$214.44 \times 10^4 m^3$左右,累计产气$1.75 \times 10^8 m^3$左右。长宁-威远示范区在页岩气开发过程中面临着很多的环境风险,比如气井的数量较多,占用的土地资源量较大;井场的清污分流设计不够合理,导致雨季的环保压力过大;产生的压裂返排液过多,处理的难度较高;固体废弃物的种类过多、数量较大,处理的效率较低;压裂作业需要耗费大量水资源,给开采地的生产和生活用水造成很大的压力。为了促进示范区页岩气开发的绿色环保发展,中石油在开发过程中也采取了很多有力的措施,包括水资源保护和废水管理方面的措施、土地资源防护措施、废弃物的处置与管理措施、大气污染防控措施等。

1)长宁-威远示范区页岩气开发面临的环境风险

四川长宁-威远页岩气示范区大多都是山区地形,土地类型也多为农用耕地,开发页岩气面临的环境压力较大,由于气井的数量较多,需要占用的土地资源量也较大,同时压裂作业需要耗费大量的水资源,对开采地周边居民的生产和生活用水造成很大的压力。四川地区的夏季和秋季都是多雨季节,因此钻井现场需要进行清污分流设计,但是大多数井场都只是修建了废水池,导致很多雨水、返排水都混进了废水池,造成更大的污染。水力压裂技术使用的压裂液含有200多种化学成分,其中有多种都是有害成分,由于长宁-威远示范区的气井数量较多,因此产生的压裂返排液的总量也较多,导致处理的难度大大增加。另外,钻井过程中还会产生大量的固体废弃物,主要成分是一些油类物质和其他有害物质,通常是通过人工收集到岩屑池进行原坑固化处理,这样的方式效率十分低下。作为国家级页岩气示范区,长宁-威远示范区于2015年开始尝试清洁生产实践。首先是从源头上加以预防,比如推进钻井作业和完井作业的平台化和批量化,钻井作业前进行清污分流设计、实现雨水与污水的分流,加强环保高效钻井液的研发,推广连续循环气体和雾化钻井技术的应用,致力可以重复利用的压裂液的研发等。其次是加强钻井过程的管控,比如对于钻完井过程中产生的废液,可以采用一体化回用处理技术,使处理后的废水可以直接循环利用;对于压裂返排液的处理,可以采用压裂返排液回收与重复利用技术,实践表明返排液的回收率可高达86%;对于固体废弃物的处理方面,可以采取岩屑不落地技术,实时收集和处理岩屑,避免岩屑与地面接触造成污染;对于清掏罐作业产生的废水可以采用循环罐的节水清掏技术;对于钻井液和完井液也可以通过固液分离,采用回用技术进行回收利用。最后是重视提高末端治理的水平,比如对于水基岩屑可以通过一些专业的技术进行无害化处理,从而实现资源化利用,包括免烧砖处理技术、随钻固化与填埋技术以及微生物处理技术等;对于油基岩屑也可以通过一些专业的技术进行随钻处理,从而实现资源化利用,包括减量化预处理技术、热解脱附处理技术以及萃取处理技术等。长宁-威远示范区在进行清洁生产实践过程中,已经具备了清洁化生产的技术,但是运行费用和处理的成本还是过于高昂,无论是清洁生产设备的改造和保养的费用,还是资源化处理的费用都是十分昂贵的,因此运行起来有很大的难度;油基岩屑也实现了一次回收以及二次回收处理,并且处理后的岩屑含油量不足1%,基本实现了资源的回收利用,但是相关部门并没有在政策方面对处理后的岩屑进行规定,也就是对于油基岩屑资源化利用的技术以及出路都没有进行明确的规定。

2)中国石油集团在页岩气开采过程中的环境保护措施

在长宁-威远国家级页岩气示范区开发过程中,中石油为了兼顾资源开采和环境保护,积极参考国外的先进技术和经验,并结合示范区的实际情况,比如地质地形、居住人口、开采技术、施工形式以及相关的法律法规等方面,采取了符合长宁-威远示范区页岩气开采的有效措施。

(1)水资源的保护以及废水的管理。为了减少水资源耗费以及对压裂液进行循环利用,中石油十分重视供水和返排液管道的建设,并通过平台内回用以及开采区域平台之间的回用,来减少清水的耗费量以及返排液外运的处置量。对于不能进行回用的压裂液,中石油采用的是回注深层地层的方式,钻井废水也是全部回用于压裂液的配置。同时,为了减轻开采过程中对水资源造成的污染,中石油在钻井选址时,尽量避开了岩溶及地下暗河,并采用"四开四完井"的方式,避免造成浅层地下水的污染。其中,二开直井段使用的是水基钻井液,主要化学成分包括改性天然高分子、合成聚合物以及一些无机盐类等;三开水平段使用的是油基钻井液,主要化学成分包括氯化钙水溶液、有机黏土、脂肪酸混合物、白油以及石灰等;集水池和废水池需要采取重点防渗措施,系数不得高于 1×10^{-7} cm/s;实时跟踪监测井场下游的布设,如果发现水质异常将停止作业找出原因并及时解决。

(2)钻井废弃物的管理。由于传统的钻井废弃物固化填埋方式会占用大量的土地资源,并且会对土壤环境造成很大的污染风险,因此长宁-威远示范区建立了 4 座钻井液储存配制站,通过"不落地"实时收集的方式,优化配置各废弃物处理技术与装备,有效地实现了资源化利用,水基钻井液的回用率基本高于 75%,油基钻井液则全部实现了回用。钻井废弃物通过处理以后可以制成水泥填料、免烧砖、免烧砌块以及烧结砖等,用于钻前工程的方井、挡墙、公路、储备罐以及营房基础砌筑等,在实践过程中也取得了良好的效果。以含油岩屑的处置为例,主要是采用常温萃取脱附处理工艺技术,通过物理分离和处理剂深度分离,对废弃物中的油和钻井液添加剂进行回收利用,处理后的岩屑也不具有危险特性,与瓦斯灰混合后最终固相物可以用来做水泥辅料利用,能够有效地减少页岩气开发的环保风险。

(3)大气环境的污染防治。中石油十分重视甲烷逸散处理,配备了地面采气撬装设备,通过密闭集输流程,进行气液分离,然后再将分离出来的气体通过管网进行输送,不仅有效地控制了甲烷的排放,保护了大气环境,还实现了资源的回收利用。需要注意的是,在试气和返排过程中,为了减少放喷时间,需要边测试、边进站生产;同时为了避免甲烷异常泄漏,需要加强闸阀、管线、设备的检漏维修,还需要在一些固定位置设置好放空燃烧筒,如果出现了异常放空情况,能够启动自动点火装置,从而避免甲烷排放。

现阶段,对于页岩气开采过程中产生的废液和废渣,我国并没有制定出可以参考使用的国家标准和规范,只是按照大量回用、少量回注的原则,遵循一些工程技术标准进行处理。根据美国开采页岩气的成功经验,深井灌注是废水处理的最为经济有效的一种方式,但是我国并没有专门针对废水深井灌注方面的环保立法和监管的相关措施。因此,为了促进页岩气产业的绿色环保发展,还需要制定返排液回注的控制标准,并完善相关的风险管控标准体系。针对油基岩屑的处理,2018 年 2 月颁发的《四川省页岩气开采业污染防治技术政策》中做出了一些比较具体的规定,但是在具体的实践过程中,还是按照《危险废弃物鉴别标准通则》的相关规定进行操作的,也就是说即使油基岩屑含油率不足 1%,还是要按照危险废弃物来进行处理,同时对于处理过后的油基岩屑残渣的利用也没有具体的规定,开发企业处理起来也缺乏法律依据。因此相关部门要支持并鼓励油基岩屑资源化再利用技术的研发,对油基岩屑中的油进行回收利用,并将不具有危险性的岩屑进行资源再利用,促进页岩气开发的绿色环保发展。此外,为了缓解公众对页岩气开发造成的环境风险的担忧,也可以参考美国的做法,对压裂液的化学成分进行披露,制定相关的披露规则,完善披露的渠道,保障公众的知情权。

6.四川富顺-永川区块泸州地区页岩气开发的环境保护研究

富顺-永川区块的总面积多达 4000km^2,2012 年 3 月中石油与荷兰皇家壳牌公司达成协议,共同开发富顺-永川区块的页岩气资源,2016 年富顺永川区块被列入四川省页岩气重点勘探开发计划。泸州地区的页岩气资源十分丰富,页岩气储量为 5527×10^8 m^3 左右,技术可采

资源量约为 $948×10^8 m^3$,该地区采用的是"地方政府+中石油+油气钻采设备企业+民间投资"的开采模式,地方政府与高校和开发企业都有密切的合作,积极研发开采设备和开采技术,十分重视专业技术人才的培养,致力于促进页岩气大规模开采。具体来讲,有 3 个方面的措施:首先是扩大开放合作,比如中石油与壳牌合作开发页岩气,并于 2014 年在高新区成立了中石油壳牌经营部,负责生产和销售页岩气资源,同时积极引入国企和民企组建多元化的投资公司,共同发展当地的页岩气产业;其次是加快开采设备的研制,以当地的油气钻采装备制造企业为主,积极引入相关企业,健全页岩气产学研体系,促进页岩气钻采装备制造产业的发展;再次是推进规模化开发,制定页岩气整体开发计划,开展一期二期项目,促进配套产业的发展,带动泸州经济的发展。泸州地区的地貌多为山地和丘陵,项目占地类型多为旱地和水田,主要采用先租后征的用地模式开展,也就是说如果气井具有开发价值,就在完井以后进行土地复垦;如果气井不具有开发价值,就需要及时复垦被破坏的土地。

土地复垦是泸州地区保持水土和节约土地资源的重要措施,以下简单谈谈泸州地区页岩气开发过程中为了防止水土流失所采取的措施。首先是制定土地复垦的原则和流程。土地复垦需要遵循与原来土地利用状况相一致的原则,比如说如果原来是农业用地,复垦方向就是农业用地;如果原来是林业用地,复垦方向就是林业用地。泸州地区页岩气开采区域主要出于农垦区,因此复垦主要是往农业用地复垦,复垦流程主要分为 6 步:第一步是完井后的搬迁工作,第二步是拆除井场工程,第三步是清理作业场地,第四步是进行耕植土覆盖,第五步是进行全面征地,第六步是交付给农民复耕。其中,在拆除和清理阶段,需要处理的内容包括很多,比如场地内的基础设施和设备、废水池、岩屑池、储备罐、防喷坑、垃圾坑以及生活区的相关设施等,在操作过程中可以利用机械清理大块的碎石和土块,清理的厚度不能低于 10cm,清理以后的石块也要能够进行资源再利用;在耕植土覆盖阶段,主要就是将表土堆场存放的表土分层回填回去,先填心土层,深度约为 30cm,然后再填表土层,深度约为 20cm,可以利用机械和人工的形式进行平整;覆盖完毕以后可以根据周边的耕作情况适当修建配套的设施,比如蓄水池、排水沟、田埂以及机耕道,方便农业耕作;在全面整地阶段,主要是通过畜力翻耕和农家土杂肥配肥的方式,对土壤进行改良和培肥,一般使用 $900\sim1000kg/hm^2$ 的复合肥,用来增加土壤的有机质以及养分的含量,提高土壤的肥力。此外,有关项目开发过程中水土保持补偿费用的征收,也有相关的规定,需要依照占地面积按年征收每平方米 2 元的水土保持补偿费用,单口气井的征收面积不超过 $2000m^2$,丛式井增加气井,增加的征收面积不能超过 $400m^2$,征收的水土保持费用纳入生产期间的水土保持总投资中,开发企业每年都要主动申报气井情况,并按时缴纳水土保持补偿费用。

7. 湖北恩施州页岩气开发水资源利用分析

页岩气开采需要耗费大量的水资源,据悉美国单口井采用水力压裂技术需要耗费 $1.5×10^4 m^3$ 的水量,同时还需要使用含有各种化学成分的压裂液,压裂完成以后会有大量的废水返排到地面,如果处理不当就会造成严重的环境污染。因此,页岩气开发面临的一个重要问题就是水资源的利用问题。页岩气的生命周期包括 5 个阶段:第一阶段是井场准备阶段,包括建设道路、准备井场生产场地等,需要从地表、地下以及市政水源获取大量的水资源;第二阶段是钻井阶段,包括钻探垂直井和水平井,钻井过程中使用的钻井液需要水,同时也会对水资源造成污染;第三阶段是完井压裂阶段,包括固化密封完成钻井,水力压裂改造地层,压裂过程中使用的压裂液需要用水,同时也会对水资源造成污染;第四阶段是压裂液返排和处理阶段,包括返排水的存储以及处理,在存储和处理过程中容易造成水资源污染;第五阶段是气体生产阶段,包括页岩气的生产、存储以及运输,生产过程中使用的水需要进行存储,容易造成水资源污染。在钻井阶段和压裂阶段的用水量最大,其他阶段只需要用到少量的水,以美国主要页岩气田压裂用水为例,Barnett 页岩气田总用水量约为 $1.01×10^4 m^3$,钻井过程中的耗水量为 $1.50×10^3 m^3$,占总量的 14.9%,压裂过程中的用水量为 $0.86×10^4 m^3$,占总量的 85.1%;Marcellus 页岩气田总用水量约为 $1.46×10^4 m^3$,钻井过程中的耗水量为 $300 m^3$,占总量的 2.1%,压裂过程中的用水量为 $1.43×10^4 m^3$,占总量的 97.9%;Fayetteville 页岩气田总用水量约为 $1.12×10^4 m^3$,钻井过程中的耗水量为 $225 m^3$,占总量的 2.0%,压裂过程中的用水量为 $1.10×10^4 m^3$,占总量的 98.0%;Haynesville 页岩气田总用水量约为 $1.40×10^4 m^3$,钻井过程中的耗水量为 $3.78×10^3 m^3$,占总量的 27.0%,压裂过程中的用水量为 $1.02×10^4 m^3$,占总量的 73.0%。另外,水力压裂技术使用的压裂液由两部分组成,一部分是占比多达 99.5% 的水和砂,另一部分是占比只有 0.5% 的化学添加剂,虽然化学添加剂所占的比例较小,但是包含了多种化学成分,其中交联剂约占 0.007%,铁控制剂约占 0.004%,阻蚀剂约占 0.002%,生物杀灭剂约占 0.001%,酸约占 0.123%,降阻剂约占 0.088%,表面活性剂约占 0.085%,氯化钾约占 0.06%,胶凝剂约占 0.005 6%,阻垢剂约占 0.043%,pH 调节剂约占 0.011%,分解剂约占 0.01%,这些化学成分是造成水资源污染的主要原因。

湖北省的页岩气资源十分丰富,潜在资源量约为 $9.48×10^{12} m^3$,位居全国第五,其中恩施州的页岩气资源占全省总量的 50% 左右,并且拥有鹤峰、来凤和咸丰 3 个有利区块。恩施州有着丰富的水资源,平均水资源总量约为 $224.2×10^8 m^3$,位居全省第一,但是水资源的利用率却极低,2015 年的水资源利用率仅仅只有 3.31%。其中,鹤峰区块的生产用水占比 80.72%,生态用水占比 0.40%,生活用水占比 18.88%;来凤区块的生产用水占比 81.67%,生态用水占比 0.36%,生活用水占比 17.79%;咸丰区块的生产用水占比 79.92%,生态用水占比 0.36%,生活用水占比 19.72%。由此可见,这 3 个区块的页岩气开发用水量所占的比例是非常大的,远远高于生活和生产用水的总量,如果长时间持续开采,势必会影响周边居民的生活用水。湖北恩施州在页岩气开发过程中,为了减少对开采地区水资源利用的影响,采取了以下措施:首先,对页岩气开发的层次进行规范,合理优化水资源配置,避免枯水期施工影响当地居民的用水;其次,重视当地生态环境的保护,严格禁止到小河流取水,以免造成小河流域干涸;最后,结合多种途径解决水资源短缺问题,比如加强水资源循环利用技术的研发工作,重视返排液的回收再利用,减少水资源的消耗,同时在井场修建蓄水池,储存雨水以及丰水期的多余水量,有效缓解枯水期的用水压力。

8.川南区块页岩气开发的环境保护研究

川南区块是现阶段我国页岩气资源最为丰富的区块,也是我国最大的页岩气生产基地,同时还是中石油页岩气开发的主要战场。据悉,2018 年页岩气年产量高达 $42.7×10^8 m^3$,2019 年页岩气年产量高达 $80.3×10^8 m^3$,截至 2020 年页岩气年产量达到 $120×10^8 m^3$ 左右。随着页岩气产量的逐年增加,川南地区也面临着更严峻的环境形势。首先,选址选线比较困难,导致页岩气开发空间布局受到限制,川南地区有很多自然保护区和水源保护区,已划定的生态保护红线也出现了与矿权范围重叠的情况,根据现有的法律法规以及环境保护政策的相关规定,这些地区都是开采的禁区。另外,国土管控区域也限制了页岩气开发活动,比如永久基本农田区域、城镇周边的开发区域等,这些都严重限制了页岩气开发的空间布局。其次是页岩气开发面临的征地形势十分严峻,川南地区80%的土地资源是用于农业生产,并实行的是永久保护政策,国家虽然出台了相关的政策,允许开采项目占用永久基本农田,但是申请审理的环节较多、程序十分复杂,导致审批的周期冗长,一般临时用地的审批需要耗费多达7个月之久,永久性占地的审批需要耗费1年半以上的时间,并且那些没有纳入国家永久基本农田范围内的土地资源是无法办理用地申请的。再次,钻井过程中会产生大量的岩屑,随着页岩气开发规模的扩大,岩屑的处理压力也不断加大。川南区块页岩气开采过程中,水基钻屑单井平均产量在 $610 m^3$ 左右,处理后可以用来作为烧制水泥和砖块的材料;油基钻屑单井平均产量在 $260 m^3$ 左右,由具备危险废弃物处理资格的单位进行处理。预计2020年川南地区页岩气开采过程中将产生大约 $13.0\times10^4 m^3$ 的水基钻屑以及 $6.0\times10^4 m^3$ 的油基钻屑。按照这个数据,水基钻屑会出现供大于求的情况,油基钻屑的产生量则会与处理企业的处理能力产生巨大的矛盾冲突,加剧环境污染风险。最后,返排液的处理压力会加剧环境污染的风险,一方面,由于平台压裂与返排的时序衔接不当,返排液回用的成本很高,所以一般情况下还是采用新鲜水配置压裂液居多,这就意味着那些不能回用或者没法及时处理点返排液就只能暴露在井场表面,会造成环境污染和占用土地资源的双重问题。另一方面,目前的技术条件下,经过处理的返排液还不具备排放到河流或者用于农业生产的可行性,因此,现阶段处理压裂返排液最为经济有效的方式是深层回注,也是普遍使用的一种方式。目前川南区块只有4口井可以用来回注,分布也比较分散,回注能力远远无法满足返排液的回注需求,大大地增加了环境污染的风险。

为了实现川南地区页岩气产业的绿色发展之路,解决开发过程中面临的环境保护问题,开发企业、地方政府以及环保企业和科研机构共同合作,可实施以下4个方面的举措。

(1)页岩气项目开发布局方面。建立开采禁区数据库,包括开发区域内的自然保护区、水源保护区以及生态保护红线数据库等,将开采禁区数据库与开采矿权进行空间重叠,从而更好地指导开发项目的空间布局。熟知开采禁区环境保护相关的规定,并对禁区蕴藏的页岩气资源进行评价,为后续工作的开展提供数据支撑。积极推动政府部门对国土空间的规划调整,比如对自然保护区、水源保护区以及生态保护红线的划定或者调整时,可以优先保障页岩气开发所需的开采空间,对于处在开采禁区的页岩气项目,可以积极向政府申请调整,或者向国务院申请提出解决方案等。

(2)页岩气项目开发用地保障方面。根据先租后征的原则,寻求长期租地的可行性。开发企业要做好项目用地前期的各种保障工作,比如针对临时用地,要按照规定时间定期上报,并集中办理临时用地手续,尽量缩短临时用地的审批时间;明确页岩气项目占用永久基本农田的资格,对于符合国家产业政策的能源项目,以文件形式规定其占用永久基本农田的资格;主动向相关部门提交用地需求,尽量将项目纳入开采地的土地利用规划和当年的新增建设用地计划;积极争取开通项目用地审批的绿色通道,尽量简化项目用地的审批手续,缩短审批时间等。

(3)页岩气开发过程中产生的钻井岩屑处置方面。可以与水泥企业、砖瓦企业等建立合作关系,共同处理并回收利用水基钻屑;增加油基钻屑处理站的数量,尽量实现场内处理或者就近处理,同时改进处理的技术,提高油基钻屑的会回收利用率;积极开展油基钻屑处理废渣固废性质的鉴别工作,探寻其危险废弃物豁免的条件或者是可行性;加强水平钻井技术的研发工作,尽量减少油基钻井液的使用,并积极探寻油基钻屑和水机钻屑处理物的资源化利用的多种方式,提高钻井岩屑的回收利用率。在法律允许的情况下,开发企业还可以独自建立或者与第三方合作建立公司,负责处理钻井岩屑的处理和回收利用,这样既可以解决钻井岩屑的处置问题,也可以实现经济效益。

(4)页岩气开发压裂返排液处理方面。根据实际情况限制压裂过程中新鲜水的使用量,尽量提高返排液的重复利用率;加大压裂相关技术的研究投入和重视程度,促进返排液的减量和压裂介质的无害化;为了保障返排液有井可注,可以新钻回注井,也可以对停产的气井进行回注的可能性勘查,定期检测回注行为对地下水资源的影响情况;重视页岩气开发环保技术研究,与科研机构开展合作,积极研究新型环保的返排液处理技术。

第八章 结 论

20世纪90年代末,美国爆发的页岩气革命促使美国成为全球最大的天然气生产国,提高了天然气在能源供应和消耗中的比重,成功地改变了美国及全球的能源格局,点燃了世界各国开采页岩气资源的热情,掀起了全球页岩气开发的热潮。全球有46个国家都发现了蕴藏的页岩气资源,已经探明的页岩气可采储量为 $457 \times 10^{12} m^3$ 左右,中国、美国、阿根廷、墨西哥、南非、澳大利亚、加拿大、利比亚、阿尔及利亚、巴西以及波兰等国的页岩气资源都极其丰富。能源是一个国家经济增长的基础,能源安全也是一个国家社会经济发展的重中之重。页岩气作为一种清洁、高效的优质能源,勘探开发页岩气资源已经成为各个国家发展的必然趋势。2021年1月27日,国家能源局在北京组织召开2021年页岩油勘探开发推进会,提出下一步要加强顶层设计,将加强页岩油勘探开发列入"十四五"能源油气发展规则。现阶段页岩气开发面临的最主要问题就是环境保护问题,为了在满足能源需求的同时,更好地保护生态环境,就需要从法律层面上对页岩气开发可能产生的环境风险防治做出相关规定。只有建立良好的环境保护法律体系,才能更好地指导页岩气的开发活动,实现能源开发与环境保护的平衡。本书首先对全球各国的页岩气资源分布状况及其采取的发展战略进行分析,其次分析了页岩气资源开发可能造成的环境影响以及各国所采取的环境政策,再次分析了我国页岩气开发环境政策的现状以及存在的问题,并总结各国环境政策的经验得出启示,最后提出完善我国页岩气开发环境保护制度的措施。

美国是最早开发页岩气的国家,也是开发时间最长、开采技术最先进、开发程度最高、最早实现商业化开采的国家。美国从1975年起便开始制定一系列与能源相关的立法,综合性法案的目标是保障能源供给、实现能源安全,专门性法案的目标是鼓励可再生能源和清洁能源的发展、保护生态环境,配套立法的目标是节约能源、提高能效。美国政府针对页岩气开发制定出了许多的项目和报告,美国东部页岩气成功开发以后,在地方政府的政策支持下,各州掀起了页岩气开发的热潮。受到美国页岩气资源成功开发的影响,加拿大也跟随美国的步伐开启了页岩气开发之路,并成为第二个实现页岩气开发的国家,加拿大页岩气的发展受到了联邦政府的鼓励和地方政府的政策支持,联邦政府通过立法和建立相关的机构来规范页岩气的开采行为,地方政府出台页岩气发展规划,推动页岩气的发展,并防范页岩气开采中的环境问题。随着美国页岩气资源的大规模商业开发,墨西哥的石油生产国和出口国地位急剧下降,墨西哥政府于2013年8月12日宣布能源改革,提出了能源改革措施,包括开发Sabinas和Burgos盆地的页岩气资源以及提高清洁能源的比重,并允许鼓励私人资金的进入。欧盟各国对于页岩气的开发持不同的态度,波兰和英国政府比较支持开发页岩气,也给予了政策方面的支持,其他的欧盟国家对开发页岩气则持一种摇摆不定的态度。俄罗斯虽然拥有全世界最丰富的天然气储量,但是在国际能源市场地位受到严重威胁,只能转变页岩气开发的态度。土耳其和乌克兰为了降低对俄罗斯的能源依赖程度,维护本国的能源安全,也积极地寻找合作伙伴共同开发页岩气资源。中国的页岩气资源储量位居世界第一,页岩气产业发展的速度也比较迅速,是全球第三个实现页岩气商业化开采的国家;中国政府在页岩气勘探的初步结果基础之上,确立了页岩气发展战略,政府也制定了很多措施来推进页岩气的发展。澳大利亚是煤炭生产和煤炭出口大国,同时也蕴藏着丰富的页岩气资源,受美国页岩气革命的成功影响,澳大利亚也掀起了页岩气的勘探热潮,并吸引了众多国际能源企业到澳大利亚合作开发页岩气。印度人口众多,是一个能源消费大国,虽然拥有丰富的能源,但是人均资源占有量很低,由于印度能源开采的技术比较落后,印度选择与海外的能源企业进行合作,共同开发页岩气资源。巴基斯坦地质构造比较特殊,页岩气资源分散分布,并且水资源严重缺乏,开采的难度大大增加,不得不寻求对外能源合作。印尼页岩气开发在技术方面和引进合作方面都存在很多的问题,页岩气产业的发展十分缓慢,还需要政府进行详细的规划。日本的页岩气资源虽然比较贫乏,但是日本政府与北美开展了页岩气合作,日本的能源企业与金融企业也参与了页岩气开发。韩国的页岩气资源储量几乎为零,采取的政策与日本大致相同,都是加强与其他国家的合作,共同开发页岩气资源。

页岩气开发主要采用水力压裂技术,在开采过程中可能会对环境产生各种影响,比如对水环境的影响,包括对地下水的污染、对地表水的污染和对水资源的消耗;对土壤环境的影响,包括大气污染型、水污染型以及固体废弃物污染型的土壤污染;对大气环境的影响,包括甲烷泄漏、VOC_s和常规空气污染物等。面对页岩气开发的环境风险,各国采取了不同的环境政策,美国页岩气开发的环境政策主要包括3个方面:一是完善美国页岩气开发相关环境法规,包括环境法规体系、针对水力压裂操作的《联邦压裂规定》以及美国部分州立法进展3个方面;二是完善美国页岩气开发环境监管体系与措施,实行多级协调格局,对页岩气开发全过程的监管,推广自行申报制度;三是提出美国页岩气环境友好开发指南,包括基准测试、优化开发方案设计、气井隔离与泄漏管理、循环用水与废水和废弃物处理、甲烷捕集与减排技术等。加拿大页岩气开发的环境政策主要包括两个方面:一是完善页岩气开发的环境法规,要求页岩气开发企业必须向政府部门提供全面的开发信息,并发布《页岩气开发水力压裂技术指导条例》;二是页岩气开发环境监管措施,主要是要求企业公开压裂液成分和实施压裂液风险控制。欧盟主要成员页岩气开发的环境政策主要包括两个方面:一是欧洲页岩气监管措施,欧盟将页岩气纳入《能源联盟框架》战略,要求所有的操作必须遵守反映行业良好规范的指导原则,实现气候和环境保护以及资源有效利用和公众的知情权;二是成员国页岩气开发的环境政策,比如波兰政府一直在努力创造有利于页岩气行业发展的环境,也在努力完善相关的法律框架设计,还与英国合作编制页岩气政府工作报告,为欧洲页岩气资源商业化开采的相关问题提供确定性的指导。

我国页岩气开发的环境政策主要包括页岩气开发环境保护法律制度、页岩气开发环境风险预防法律制度以及页岩气开发环境风险监管法律制度3个方面。

(1)从页岩气开发的环境保护法律制度方面看,我国页岩气开发的环境保护法律法规以及标准不够完备,页岩气开发环境保护制度的安排不够全面,页岩气开发环境保护监督的执法力度不够。美国页岩气开发过程中的环境保护主要适用于油气行业的监管和环境保护监管两个方面的法律法规,联邦法规的内容涉及到大气环境保护、水资源保护、固体废弃物处理以及稀有物种的保护等方面的法律,包括《清洁水法》《濒危物种法》《安全饮用水法》《资源保护与恢复法》《有毒物质控制法》《应急预案与社区知情法》《石油污染和控制法》等;英国页岩气开采作业中设置了比较严格的监管条例以及相关的通知,比如《环境许可规定》《城乡规划条例》《废弃物管理计划(WMP)》《停工通知》《暂停通知》《地下水禁令通知》《反污染工作通知》《恢复通知》等;加拿大页岩气开发过程中适用的政策也是参考已有的矿产资源开发相关的法律法规,省政府作为监管的主体,负责监管开发项目的勘探、完井、压裂、生产、废弃物管理以及土地复垦等问题,政府也出台了很多的法律法规和行业标准来规范页岩气开发活动,比如《加拿大环境保护法》《能源开发责任法案》等。参考美国、英国和加拿大3个国家在页岩气开发环境保护法律制度方面的成功经验,我国可以在页岩气开发的钻井活动开始前,披露水力压裂技术所使用的压裂液的化学成分,尤其是对人体和环境有害的化学物质成分,并设置严格的取水制度;钻井活动过程中需要考虑废水的处置问题以及防止泄漏的问题;监管的主体要尽量保证监管信息的透明化,还可以参考英国的做法建立环境许可制度。

(2)从页岩气开发环境风险预防法律制度来看,我国环境影响评价制度还缺少相应的规范性文件来加以规范,开发企业缺乏相应的技术指导,审批机关缺乏评价的规范,页岩气环境评价规范的监督主体和评估主体不够明确,评估的时间不够确定,评估的标准和方法也不明确,责任承担方式还需要进行细化;环境信息披露比较片面,公开的信息偏重企业符合法律规定的行为,各个企业披露的内容和方式不统一,披露信息的时间具有滞后性,信息的真实性存在问题。美国在页岩气开发的环境风险控制方面主要表现为政府监管和环境友好开发技术两个方面,从政府监管方面来看,美国页岩气开发监管是以州政府为基础,联邦、州、地区和开采地多级协调监管;从环境友好开发技术来看,美国政府比较支持页岩气开发技术的创新,鼓励发展环境友好开发方式,同时提出了许多开发指南和实践案例。美国页岩气开发的环境风险控制措施可以给我国很多的启发,比如不断完善油气行业的环境监管法律体系,做好页岩气开发的环境监管制定;加强页岩气环境监管体系的建设,为页岩气开发环境监管的实施提供机制方面的保障;加强环境监管的基础能力建设,针对页岩气开发环保技术,可以采取引进与自主研发相结合的方式,为页岩气开发环境监管提供的实施提供技术方面的保障;设计环保专项基金和环保技术推广补贴,为页岩气开发环境监管的实施提供资金方面的保障;促进信息沟通机制的建立,加强社会公众的监督等。

(3)从页岩气开发环境监管法律制度来看,我国页岩气开发环境监管法律标准不够健全,页岩气开发环境监管的事中监管力度不足,页岩气开发的环境监管是由生态环境部、水利部和自然资源部等部门共同协作监管的,各个部门都有各自的监管权力和监管范围,同时也会出现权力重叠、履责不清的情况,同时页岩气开发环境监管体制是"条块管辖"模式,也就是说环保部门和地方政府拥有双重管辖权,地方政府就有可能选择发展本地经济放任环境破坏的行为。美国页岩气开发的环境监管是以传统油气开发的环境监管法律框架为基础,通过增设内容和补充内容的方式来完善相关的法律法规制度;英国一直以来都坚持以"环保先行"的理念发展国家经济,英国政府对页岩气开发持谨慎态度,在经历"允许—禁止—允许"页岩气开发以后,英国采取更加严格的环境监管措施来促进资源开发与环境保护的共赢。参考美国和英国在页岩气开发环境监管法律制度方面的成功经验,我国可以健全页岩气开发的环境监管法律法规,明确页岩气开发环境监管机构的职能,统一页岩气开发环境监管的权力,同时需要加大过程监管力度等。

　　基于上述研究,本书提出了完善我国页岩气开发的环境政策。首先是完善我国页岩气开发环境保护相关的法律法规,主要分为3个方面:一是完善我国页岩气开发环境保护相关的法律法规制度,包括完善页岩气开发的水资源法律法规,比如完善现有的水资源保护法律制度,完善和制定页岩气行业专项立法,做好页岩气开发过程中的水资源环境影响评价工作,建立环境信息公开机制等;二是完善页岩气开发的生态环境保护法律规制,包括采取预防为主、保护优先的原则,在页岩气开发过程中坚持开发与保护并重,加强绿色生态示范区的建设,采取有效的措施使页岩气资源的可持续开发与生态环境共同发展;三是完善页岩气开发中的大气环境保护法律规制,包括完善页岩气行业的VOCs和甲烷的排放标准,推广绿色完井技术和捕集控制技术,加强对开采区域大气环境的跟踪、检测以及评价等。其次是完善我国页岩气开发环境监管法律制度,主要分为3个方面:一是健全页岩气开发监管法律标准,包括在《中华人民共和国水污染防治法》中增加压裂液和返排液处置的相关内容,制定页岩气开发相关的环境标准等;二是统一页岩气环境监管机构,主要从职能的定位、权力的配置、机构的设置以及监管队伍的建设几个方面展开;三是加强页岩气开发过程的监管力度,加强事前监管有效地减少页岩气开发所引发的环境风险,加强事中监管把环境监管工作落实到开采活动中,加强事后监管负责总结监管工作。最后是完善我国页岩气开发环境风险防控法律制度,主要分为4个方面。一是完善页岩气开发环境影响评价制度,包括制定出页岩气开发相关的环境影响评价细则和规范,明确环境监督的主体和环境评估的主体、环境评估的时间、战略环评的标准和方法以及责任承担的主体等内容,还需要保障多方环评主体的参与权,并通过各种渠道监督多方环评主体更好地履行义务以及承担责任。二是强化页岩气开发环境信息披露制度,包括完善页岩气开发环境信息披露相关的立法,比如坚持信息公开原则、明确披露的主体、明确规定披露的内容和披露的时间、规范信息披露的方式等;同时还需要推行第三方信息公开模式,建立我国页岩气开发有毒物质排放清单,对于积极披露环境信息的开发企业可以给予奖励,对于不予公开环境信息的开发企业,可以通过强制性的手段进行处罚,针对公众和评估机构提出的信息公开,要及时进行反馈,要保障公众的参与权和监督权等。三是完善页岩气开发矿业权制度,包括完善页岩气开发的特许权制度,比如成立特许机构给申请主体颁发矿业权权属证书,申请主体可以通过招标程序提交申请表,特许机构经过审核后,取得探矿权与采矿权,申请主体在通过审核以后,便可以与特许机构签订探矿采矿协议,提交相应的担保书;同时特许机构、环保组织和公众需要共同对开发企业进行动态监督,监督内容包括项目开发的进展、开发过程中面临的环境风险以及开发企业所采取的预防和控制环境风险的措施等。四是建立页岩气开发排污许可制度,主要有3点:①《控制污染物排放许可制实施方案》的颁布明确了排污许可制度的性质,也确立了排污权交易原则;②细化排污许可相关的法律规范,明确政府部门的管理与监督责任以及开发企业的责任;③明确建立排污权交易制度的条件、交易的原则以及交易的方式等。

　　近年来页岩气产业飞速发展,有关页岩气的研究也不断增多,但是这些研究内容更多的是关于页岩气的成藏机制以及成藏影响因素或者是开采技术方面的探讨,当然也有很多研究涉及到页岩气开发中的环境问题,但是从法律角度探讨页岩气开发过程中的环境保护问题的研究是极少的。本书的梳理与论述希望能够引起社会对页岩气开发中环境保护问题的重视,同时可以参照国外页岩气开发中的环保经验,探寻适合我国的环保途径,平衡能源开发与环境保护之间的矛盾。但是,页岩气开发不仅仅是涉及环境保护的法律问题,还涉及到经济以及政治等多个领域,本书只是以现有的环境保护法律法规和相关的政策标准为研究的基础,并结合其他国家的开发经验,从法律层面提出一些改进的建议,并未曾涉及其他的领域。建议学者们可以从经济和政治等角度对页岩气的开发展开研究,共同促进我国页岩气的产业化和规模化发展,更好地解决我国的能源需求问题,在绿色环保理念下勘探开发页岩气资源,促进我国经济建设和生态文明建设的和谐发展。

主要参考文献

陈宏坤,杜显元,张心昱,等,2018.页岩气开发对植被和土壤的影响研究进展[J].生态学报,38(18):6383-6390.

陈龙利,王丹,张春,等,2018.页岩气开发过程中土壤污染及修复技术展望[J].环境科学导刊,37(S1):17-21.

陈美苓,2016.论我国页岩气开发的法律规制[D].沈阳:辽宁大学.

陈榕,贺敬博,2018.印度尼西亚富有机质页岩分布情况与页岩气资源潜力[J].中国矿业,27(S1):164-168.

褚会丽,檀朝东,宋健,2010.天然气、煤层气、页岩气成藏特征及成藏机理对比[J].中国石油和化工(9):44-45.

董普,桂蕾,滕宇,2014.我国页岩气开发生态保护评价模式研究[J].中国矿业,23(1):58-61.

董阳,李一凡,2017.浅析页岩气的形成条件[J].中国石油和化工标准与质量,37(23):121-122.

杜婧华,2012.美国页岩气资源潜力及开发现状[J].中国科技信息(6):40.

冯相昭,2013.从气候变化角度审视页岩气开发[J].环境经济(Z1):49-53.

何敏,王丹,张思兰,等,2016.浅谈页岩气开发对水环境的影响[J].油气田环境保护,26(2):33-37+61.

何怡佳,2015.我国页岩气开发水资源保护法律制度研究:美国的经验借鉴[D].北京:清华大学.

蒋瑞雪,余秉森,2017.中国油气资源保护监管法律制度前瞻[M].北京:中国石化出版社.

李成标,2015.湖北省页岩气产业发展模式及政策创新研究[M].北京:经济科学出版社.

李斐斐,2019.我国页岩气开发利用环境保护法律制度研究[D].石家庄:河北地质大学.

李劲,孙刚,李范书,2014.页岩气开发中的水环境保护问题[J].石油与天然气化工,43(3):339-344.

李旸阳,2016.关于页岩气开采的环境影响分析[J].化工管理(6):8.

林珏,2017.世界各国页岩气发展战略研究[M].上海:华东理工大学出版社.

刘超,2013.页岩气开发中环境风险规制法律制度的完善[J].环境保护,41(Z1):67-69.

刘超,2019.页岩气开发法律问题研究[M].北京:法律出版社.

刘恩然,张立勤,王艳红,2018.澳洲北部发现了超级页岩气资源[J].中国地质,45(6):1314.

刘小丽,田磊,杨光,等,2016.中国页岩气开发环境影响评价和监管制度研究[M].北京:中国经济出版社.

卢桂,2014.美国马塞勒斯页岩气开采的相关立法及借鉴[D].重庆:西南政法大学.

陆海龙,2017.页岩气开发利用法律规制研究[D].郑州:郑州大学.

陆争光,高鹏,马晨波,等,2015.页岩气采出水污染及处理技术进展[J].天然气与石油,33(6):90-95+14.

罗牧云,2015.页岩气开发中的水资源保护法律问题研究[D].北京:北京理工大学.

罗佐县,张礼貌,谭云冬,2014.墨西哥页岩气产业发展现状与未来发展模式分析[J].中外能源,19(12):9-14.

梅绪东,张思兰,熊德明,等,2016.涪陵页岩气开发的生态环境影响及保护对策[J].西南石油大学学报(社会科学版),18(6):7-12.

孟浩,2014.加拿大页岩气开发现状及启示[J].世界科技研究与发展,36(4):465-469.

缪明,2019.浅谈中国页岩气开发活动对环境的影响及建议[J].西部资源(6):44-45.

牛善朋,2017.我国页岩气开发中的水资源法律规制研究[D].咸阳:西北农林科技大学.

裘品姬,钱娟,2013.加快推进新疆页岩气勘探开发的建议[J].中国能源,35(12):23-25+28.

斯贝特,2015.北美页岩气资源及开采[M].北京:中国石化出版社.

孙娴,2017.我国页岩气勘探开发环境保护法律问题研究[D].成都:西南石油大学.

田磊,刘小丽,杨光,等,2013.美国页岩气开发环境风险控制措施及其启示[J].天然气工业,33(5):115-119.

王丹,何敏,2016.页岩气勘探开发对水环境的影响及建议[J].环境科学导刊,35(06):103-107.

王姝,2016.涪陵页岩气开发中的环境监管问题研究[D].重庆:西南政法大学.

魏凤,周洪,郑启斌,2020.页岩气:崛起中的新能源[M].北京:科学出版社.

夏良玉,2019.美国页岩气开发的水污染风险成因、争议及对中国的启示[J].中国人口·资源与环境,29(6):31-39.

徐畅,王建平,王红武,2017.浅析宜宾市在页岩气开发过程中如何做好生态环境保护工作[J].四川环境,36(1):41-46.

徐威,徐猛,2018.四川省页岩气开采土壤污染防治现状[J].资源节约与环保(11):114-115.

杨长军,田庆华,陈亚平,等,2018.浅谈页岩气开发对川南地区水资源的影响//《环境工程》2018年全国学术年会论文集(上册)[C].《环境工程》编委会、工业建筑杂志社有限公司:《环境工程》编辑部.

杨德敏,夏宏,程方平,2014.国外页岩气规模开发存在的生态环境问题//环保钻井液技术及废弃钻井液处理技术研讨会论文集[C].中国石油和石化工程研究会:中国石油和石化工程研究会.

于立宏,2017.中国页岩气发展战略与政策体系研究[M].上海:华东理工大学出版社.

曾宇,2016.四川页岩气开发的环境监管问题及对策研究[D].成都:西南石油大学.

张虹,2018.重庆市页岩气开发的生态环境风险评价[D].重庆:重庆大学.

张建良,黄德林,2015.我国页岩气开发水污染防治法制研究:对美国相关法制的借鉴[J].中国国土资源经济,28(2):60-64.

张艳芳,2019.我国页岩气开发法律规制的现状及其完善[J].安全与环境工程,26(5):80-84.

赵靖舟,2012.非常规油气有关概念、分类及资源潜力[J].天然气地球科学,23(3):393-406.

赵文光,夏明军,张雁辉,等,2013.加拿大页岩气勘探开发现状及进展[J].国际石油经济,21(7):41-46+111.

赵小静,2017.我国页岩气开发环境风险防控法律制度研究[D].青岛:中国石油大学(华东).

郑军卫,2018.页岩气开发风险及风险治理:两次专题研讨会总结[M].北京:科学出版社.

周雅兰,2018.我国页岩气开发环境监管法律制度研究[D].成都:西南石油大学.

朱炳成,2015.我国页岩气开发利用环境保护法律制度研究[D].北京:中国政法大学.

邹才能,陶士振,白斌,等,2015.论非常规油气与常规油气的区别和联系[J].中国石油勘探,20(1):1-16.

邹才能,翟光明,张光亚,等,2015.全球常规—非常规油气形成分布、资源潜力及趋势预测[J].石油勘探与开发,42(1):13-25.